JN157601

私の経済哲学原論

磯部朝彦
Isobe Asahiko

八朔社

執筆協力・山口光雄

はじめに

われわれは今、本位制度を基にしたＩＭＦ体制なるものの崩壊を目の当たりにしている。歴史を遡れば、イギリスに端を発した産業革命により、大量生産、大量輸送が可能となり、世界経済はそれ以前の各国内の少量の物資の取引を中心としたものから、国境を越えた大規模な交易を中心としたものに変貌した。同じくイギリスに端を発した金本位制度が一定の価値基準を示し、各国の主権に基づく通貨間の交換を可能にしていたが、この飛躍的な交易量の拡大の結果、従来輸出者と輸入者の間の利益配分バランスを公平に保つ役割を果たしていた「神の見えざる手」が機能しなくなった。

その結果、国家間の光の奪い合いと影の押し付け合いが二度の世界大戦を引き起こすこととなり、さらに残念なことに、人類は戦前の本位制度の元凶を取り除くことが出来ないまま、ブレトンウッズ体制を以って、戦後にまで混乱の原因を持ちこんでしまったのである。加えて、近年では物資の交易を資金の交易が上回る時代となり、投機による為替相場の乱高下が度々世界経済の安定を揺るがせている。

本来は、金のごとき一金属の価値を基準とすることなく、高い信用力のある国際機関が、全ての利用者にとって納得のいく、実態に合った為替レートをタイムリーにオーソライズする仕組みが理想である。しかし、そのためには、さまざまな分野や地域における経済活動や、その背景にある環境（たとえば天候や自然災害）の状況まで、膨大な量のデータを把握し、為替レートに反映していく必要があるが、これはこれまで不可能と考えられてきた。しかし、近年ＩＣＴ（Information and Communication Technology：情報通信技術）がこれを可能にするかもしれない段階にまで発展してきた。将来に向けて、ＩＭＦ（International Monetary Fund：国際通貨基金）が、最先端のＩＣＴを駆使して、この分野での強いリーダーシップを発揮していくことを、かつてＩＭＦに身を置き、少なからずこの問題と苦闘してきたものとして、期待して止まない。

まず、経済ひいては流通経済における本位とは何かというテーマについて、議論を展開するつもりでいる。そもそも本位とは物の本質的な基準を表す言葉である。歴史の書に目を移すと、一五世紀頃に我が国が多量に産出した銀という鉱物の多くが、ポルトガル人により中国南部に運ばれ、現在のマカオ周辺のごく限られた地域で銀本位制度のようなものが行われた事実もあったようである。そして、およそ三〇〇年前にイギリスから始まった金本位制度は、価値基準によって物々交換の時代から世界の流通経済を飛躍的に発展させたことは、歴史が証明するところである。しかしながら、本書で取り上げる金本位制度の議論の中心はというと、わずか七〇年前にわれわれを巻き込んだ第二次世界大戦以降、大規模に行われ未だにその残滓を残し、現代においてもなお影響を残す金融制度である金・ドル本位制度の問題であると理解していただきたい。

この国際的な制度がうまく働くかどうかは、いろいろの人がいかに「信用」し合えるかどうかにかかっていた。つまり、この国際的な金融制度の完成にいたる課題とわれわれ人間関係がうまくいくかどうかという問題とは、あまりにも類似した点が多いことに私は気づいたのである。

われわれ人類が人間社会の中で生きる上で、最も大切な言葉の一つが「信用」という言葉であろう。私がこの本で言いたいことも、その「信用」ということの真意を、エコノミストもしくはジャーナリストの観点から述べることに他ならない。

私は国際間の紛争、なかんずく民族間の対立（多くは皮膚の色、言語、宗教の違いによる）ほど、無意味な戦いはないと思っている。同じ地球という狭い世界に同じ哺乳類の一種として生まれ、なぜ殺し合う必要があるのか。私はこの「信用」ということについて自分の思考を整理し、筆を執り、一つの本にまとめ上げようという思いにいたるまでに、こんなにも多くの〝時間〟と〝労力〟を使ってしまった。


今、ゆったりとした〝時間〟が流れている。齢八三歳を過ぎ、ここ茨城県つくば市にある老人ホームで、北側の壁に一つしか開いていない窓から、寒風に耐える数本の栗と黒松の老木（春にさえなれば、東京では見られないほどの新緑が夕日に映えて見えよう）が見えるだけの簡素な一個室において、自らの過去を振り返ることの出来る、静かな余生を送らせていただけるようになろうとは、全く想像外のことであった。

私が主としてパーキンソン病と診断され、あまりにも度重なっておこる転倒のため、忘れもしない二〇一三年五月一九日、愛用のパソコンのみを胸に抱え、私は急きょ東京目黒の自宅を後にしたのであった。息子夫婦の車に乗せられ、着のみ着のままこの地、茨城県つくば市の介護付有料老人ホームに搬入されてから、もう二年半以上の歳月が流れてしまった。

この間、車椅子生活を強いられ、東京に帰ることなど夢のまた夢となってしまい、昔から今日のような日がいずれは自分にも来ると考え、備え集めてきた資料いっさいも手に持たぬまま、かくも大きな問題について筆を執ろうと決心したのには、死期がだんだんと迫ってきたことの実感もさることながら、次のようなことがあったからである。

私は現役として働いていた七五歳くらいまでは、本当に病気知らずであったが、現役時代の最後あたりから体力の衰えを如実に感じはじめ、特に夕方になると身体に変な震えが出てきたのである。

そして、ある朝台所で急に意識を失い後ろに転倒し、頭を強く打ったのは記憶しており（そっちの方は医師の適切な措置で事なきを得たが）、何回にもわたり受けた精密検査で肋骨を数本破損していたことが分かり、救急にて都内の某大学病院に入院、肺に溜まった大量の血液を抜いてもらったのが、我が生涯で最初の入院手術であった。以来、注意をすればするだけ身体のいろいろの部分が不調となり、現在では残念ながら聴覚を除きすべてが正常ではない。体力は当時の一〇分の一といったところか。それでも私は自己と自己以外の人とのコミュニケーションの切断だけはどうしても避けたかった。

パーキンソン病のため文字は小字化してしまい、本人にも読めなくなってしまっていたし、言葉も近くの家内にさえ通じなくなり始めていた。

今日にいたるまでに少しは、未だ混乱を続けている国際金融という世界の中で、決して一人前とは言えないまでも世間の寒風に揉まれる経験も持ち得たし、また最後にこのように恵まれた環境の中で、介護という実際に人が人を助けるという行為に（助けられる側としてではあるが）、実際に我が身を置いてみて、今後人間がやらなければならない最も大事なことについて、真摯に考えることができたことは、まことに幸せであったと言う他はない。

人を助ける側に立った訳ではないので、決して偉そうなことは言えないが、日々老人問題に挑戦される若い男女ヘルパーや看護師の方々を見ていて、真に「人様の恩義」というものがあるということを実感し、ここに人間学の神髄を肌で学ぶことも少しはできたと思っている。この経験がなければ、本位制度に関する私の考えも人類社会への貢献に関連付けた本としてのまとまりがつかぬまま終わってしまったかもしれない。

そういう環境の中で、ここに私の生涯考え続けてきた、あるいは構成しようと試みてきた経済学を、そしてその背後にある哲学の一端を公表する勇気を得たのである。

今回の出版にあたっては、パーキンソン病のためパソコンの操作はおろか、字を書くことも、言葉を話すこともままならなくなってきてしまったため、一橋大学の後輩の山口光雄君に協力いただいた。私が日本銀行から日立製作所に移った時、彼は日立グループのシンクタンクで、後に私が社長をつとめることになる日立総合計画研究所の金融システム研究チームのリーダーだった。ＢＩＳ（Bank for International Settlements：国際決済銀行）出身で日立製作所の常務会のアドバイザーをしてもらっていたバーゼル在住のアメリカ人、ケブン・Ｊ・カーニー（Kevin J. Kearney）氏の協力も得ながら、この山口君とチームで世界中を駆け回り、決済システムや電子マネーの研究をまとめては国内外で情報発信したことを昨日のことのように思い出す。当時から持っていた問題意識を、今回出版物として取りまとめるにあたり、再び山口君と一緒にやれたことは大きな喜びである。

目次

第一章　国際経済の戦場へ出撃

本章のほとんどの内容は、著者が一人の日本の平均的なサラリーマンとして世の中に出て行った時代の話である。では、少し時代（とは言ってても半世紀とちょっとではあるが）をさかのぼってみよう。

私は一九五四年に一橋大学（旧東京商科大学）経済学部で山田雄三博士の門下に入った。当時同大学には山田教授をはじめ、山中篤三郎博士、中山伊知郎博士など経済学では世界的に名前の知られた先生方がたくさんおられた。

私が師事した山田先生のもとには、日本各地や近隣諸国から主として経済原論を学ぶ学生が雲集し、どちらかと言えばヨーロッパで議論され始めていた厚生経済学的学風が漂っていた中で、私はあえて経済哲学の面で先生のご指導をいただき、先生のお考えを継いで学問の世界に入ろうと決心した矢先、家庭の事情もあって初心貫徹を諦め、他の道を選んだのであった。

今となっては懐かしい話であるが、ある日突然に東京日本橋の日本銀行本店に行って、いわゆる入行試験を受けて来いと大学から言われ、受けに行ったということしか覚えていない。私が大学を出る頃の就職とはそんなものだったのであろうか。たしか試験も英語の書き取りと、それに面接しかなかったように記憶している。

後者の面接では、日本銀行為替管理局（現在の国際局が終戦直後はこう呼ばれていたように思うが記憶違いかも知れない。現在では一大局となっているこの局も当時はあまり誇らしい仕事場ではなかったように思う。こんなところにも歴史を感じてしまう）において、一橋大学の大先輩で、当時日本銀行の対外的な仕事の総責任者であられた藤沢徳三郎という方のもとで、同局の総務課長をなされ、たしか更に一五年後、私が日本銀行から日立製作所に移籍してから日本銀行総裁にまでなられたと記憶している三重野康氏から、

「君は新聞記者の息子だったね。うちは新聞記者の息子は採らないってことになっとるんだがねぇ」と言われたのである。

私もつい若気の至り、事もあろうに、

「それは悪かったですね」と言い放って席を立ち、退室してしまったのである。その後あてもなく神田駅のそばにあった映画館で気持ちを晴らし、自宅の門をくぐるや数分前に日本銀行から〝入行を許す〟との電報が来ていて、家族そろって大騒ぎとなったことを、つい昨日のことのように覚えている。

かくして一九五六年に、我が国の中央銀行たる日本銀行の職員となった私は入行後すぐ（たしか二年目の年であったろうか）、なぜか本人にも分からなかったが、フルブライト国費留学制度（当時のアメリカの上院議員ジェームズ・W・フルブライト氏が世界各国に提唱した大戦後の交換留学制度である。現在では一ドル一〇〇円ぐらいのレートではあるが、一般でいう日本の外貨準備は約一兆二〇〇〇億ドル以上と、私も読みとれないほどの大きな数字になっているが、一ドル三六〇円の固定平価時代、その当時我が国の外貨準備はわずか三億ドルと限りなく過小であり、未だ私費による留学制度が認められなかった敗戦国日本などの若者にとり、他国で勉学する唯一の途でもあった）の試験を受けさせられ、幸いにも幼児英語を学ぶ機会に恵まれていたこともあり、それに合格したのであった。

いざ留学先を決める時に「米国の、なるべくそれまで日本人の行ったことのないような田舎の大学を選びなさい」と、あえて勧めた父の意見もあり（父は大戦よりずっと以前にアメリカのサンフランシスコにあるカリフォルニア大学に留学の経験あり）、オハイオ州コロンバス（今では日本の本田技研のアメリカにおける主力工場があるオハイオであるが、一九五七年当時はその影すらなかった）にある州立大学大学院に入ったのである。

余談ではあるが、この年、同大学院には日本からもう一人のフルブライト留学生として、広島大学から後に世界の心理学者と呼ばれるに至った現広島大学名誉教授で、二〇一二年に日本政府から叙勲も受けられた祐宗省三先生がおられ、以後何かとお教えをいただいている。

さて、無事オハイオ州立大学大学院に入学した私は、経済学部でパットンという教授について（今思うと、後でさんざん付き合わされることになった「金本位制度」というものについて、もっと勉強すべきだったところ）、米国の「介護制度」という（考えてみればこれも人生の不思議な出会いという他はないが、現在私が最も興味を持っているテーマである）問題を、パットン教授から卒論のテーマとして与えられ、あまり気のりもせずに、それでも祐宗先生の半分ぐらいは図書館に通ったり、周囲の老人ホーム見学にでかけたりして、一九五八年六月になんとか経済学のＭＡ（修士称号）をもらったのである。

通常ではそんなことは許可されなかったであろうに、日本に帰る前の二カ月間を視察旅行と称し、アメリカ南部諸州を列車で駆け巡った。この夏休みの旅は、文字通り〝一文無しの一人旅〟であり、オハイオ州コロンバスの駅からカバン一つで帰国の途に就いた時の所持品といえば、数冊の本に、列車の切符、それから帰国費用として父が特別に許可をもらって送ってくれた、僅かなドル紙幣のみであった。しかし、思えば我が人生をこれほど豊かにしてくれた旅は他にあったであろうか。

ニューオリンズでは、有名と聞いていたジャズ演奏付きのフランス料理店で、注文した品の値段を間違えていたことに途中で気づき、最高級の魚スープだけで三二ドルも払わされ、逃げ出すように店を後にしたこともあり、経済力の差というものを、身をもって感じることも出来た。

また、この旅で実見したことで、極めて印象的であったことをいくつか述べさせていただくとすれば、まずミシシッピー川を渡ったあたりということしか覚えていないが、ある河川に添って列車が走っている時に、何千隻とも知れないほどの軍艦が、お互い重なるようにして捨てられていたのを見たり、もう少しでロッキー山脈にかかろうという所で、何万機とも知れない爆撃機が、まるでおもちゃのような恰好で捨てられていたのを見たことである。

われわれは戦時中、アメリカ軍の戦闘機であるとか軍艦の写真は、毎日のように見せられていたので識別には自信があり、太平洋戦争で大いに日本を苦しめた軍艦ミシシッピーやルイジアナといった巨大な戦艦たちに、B29（さらには零戦と死闘を繰り広げたであろう、ムスタングやライトニング、コルセアといった戦闘機も混じっていたであろうか）などの航空機が、鉄屑のようにしてうず高く積み上げられている様は、まさに資源の使い捨ての時代に突入したといった心地もし、国力の差をまざまざと思い知らされた気がした。

この鉄の塊の量といったら、まさにアメリカの偉大な生産力かと驚嘆し、なるほどドルは強いわけだと、この時初めてアメリカの権力、ドルの信用というものを実体として感じたのである。

さらに途中、列車に乗りっぱなしであったことに多少疲れを感じたので、たしかアメリカ最南端の都市であると聞かされた小都市のＹＭＣＡに一泊したのであるが、予約なしであったために二人部屋しか空いておらず、相部屋での宿泊となってしまった。そして、ここで異様な経験をしたのである。

同室に泊まったのは六〇歳に程近いアメリカ空軍の予備役将校であったが、何でも前夜中東のどこかでアメリカ人の関与した騒乱があり、急遽呼びだしをうけ、明朝入隊するのだと言っていた。平時でもいつでも前線に行く覚悟があるのだと威張っていた。その男が夕食後、ちょっと外出してくると言い、出かけたのであるが、真夜中に全身血だらけで帰ってきたのには、本当にびっくりさせられた。

理由を聞いてみると、すぐそこのバーで最後になるかもしれない夜を、バーボンで一杯やっていたところ、インディアン（Native American）の奴が酔ってうるさく絡んで来たので、「殺っちまった」と言う。私が「警察は？」と聞くと、「彼らはここでは人間じゃないんだ」と言う。恐ろしい話だが、その頃のアメリカとはまだそういう国であったのである。

そうして私は、数多くの体験や想い出と共に、一路ロサンジェルスから日本に向け、出港間近だった日本郵船の貨客船に飛び乗って、日本銀行のくれた二カ月間の視察旅行期限の終わる同年八月末日、横浜に帰着したのであった。

横浜まで来ていて下さった日本銀行の上司である国庫局（一九五〇年代当時、日本の財布を預かる重要な局であったと記憶しているが、現在では組織の細分化により業務局内における国庫課に編制されている）局長から、同じ年の一二月に京都支店に転勤との予告辞令をもらい、それならば新婚旅行は転勤のついでに京都でという離れ業をやってしまった。妻には大変申し訳ないことをしてしまったと反省するも、悪いことはするものではないというのか、そこで私の人生の歯車はすっかり狂ってしまったのであろう。

通常なら五年はいられるはずだった最初の支店勤務から三年もしないうちに、同じ近畿の日本銀行大阪支店へ転勤となり（しかも勤務する課員を減らしつつあった同支店外国為替課という所に配属となる）、当時経済関係法ではその憲法とさえ言われていた「外国為替管理法」を、その第一条から頭に叩き込まされたのである。私の運命は、死にかかっていた金本位制度の今後をどうするのかという問題と、この時すでに同じ柱に縛り付けられていたようである。

そのことに私はまだ気づいていなかったが、どうやら同じくそれに気づいていない松本さんという、当時大阪支店長をされていた偉い方から、「また転勤で大変だろうが、東京からすぐお前を返すように言ってきた。まあ、関西には四年もいたことだから『いいよ』と返事したよ」と言われて、わずか一年四カ月しか住まなかった宝塚の家族寮に別れを告げたのである。

その頃まだ新幹線などはなく、何度もやった列車の旅ではあったが、大阪を離れ当時のダイヤで約四〇分、偶々私と家族（とは言っても家内と京都生まれの長女と私の三人だけであったが）の乗った列車が京都駅のホームに入っていくと、サラリーマンの転勤時期もあって、ついこの前まで同じ支店で働いていた多くの同僚が別の転勤者を見送りに来ており、お互いに変なところで再会したものだと、窓を開け懐かしく言葉を交わしたのであった。

そのうちの一人が、「今度はワシントンか。大変だが日本のためだ。頑張れよ！」と言ってくれた。何となく身に迫りくるようなものを感じてはいたが、私の知らないところで何が動いていたのか、その時はまだ自分には知るよしもなかった。

しかし、東京に帰任し外国為替管理局から、いつの間にか外国局に名前を変えていた職場には、まったく新しい仕事が私を待っていたのである。

東京駅までわざわざ出迎えてくれた、新しい職場の庶務課の人や親たちに若干の手持ちの引っ越し荷物と家内と娘を預け、とりあえず東京駅のすぐ近くの日本銀行本店まで、私一人で着任挨拶に立ち寄ることとした。

既に夕刻となり、家路を急ぐ一般のサラリーマンの流れに逆行し、日本橋の三越デパートに一番近い正門の横から神田駅の方向に細長く伸びる、最も古い石垣の中にある所が私の転勤先であった。そこだけは内部の電灯が隅々までこうこうとつけられ、まだ誰も席を離れた様子はない。

明治の初めに建設されて以来、大正の関東大震災や先次大戦末期の熾烈を極めたアメリカ軍による東京大空襲にも立派に耐えてきたこの歴史的西洋建築物の内部は、なぜかピーンと張りつめた雰囲気をたたえていた。

その当時、現場の最前線におられ、後に総裁となり、〝マエカワレポート（われわれの意見も相当入れて出されたレポートである）〟で有名になられた前川局長ならびに局次長に昇格されていた三重野康氏にだけ着任挨拶をして、私は大田区洗足池の近くの新居に帰るつもりであった。

しかし、三重野さんのところで、唐突に分厚い書類を手渡され、

「ご苦労だが、明日までに読んできてほしい」と言われたではないか。私もそんな

ことは聞くべきではなかったのであるが、聞いてしまったのである。

「これはいったい何でしょう?」

三重野さんはムッとされて、

「これ? 明日の君の仕事よ。新聞記者の息子だったんだろう。君は!」と言う。

恐る恐る、その書類の表書きを見ると、そこには〝七月四日衆議院予算会議想定問答:国際通貨基金憲章における八条国移行問題について〟とあり、そのすぐ後に大蔵省国際局とあって、付属文書に〝By A. Friedman, IMF, Washington D.C.〟とあり、フリードマン氏が書いたと思われる〝A Short Introduction to The Articles of Agreement of The International Monetary Fund〟という資料がついていた。

その時、私は久しぶりに全身の血がなぜか湧きたつ思いをしたことを今でも覚えている。後にも先にもこんな経験をしたことはなかった。私は表紙のいたるところに〝関係者以外厳秘〟と朱記されたその書類の束を持ってタクシーに乗り、大田区洗足池にあてがわれた、新しい一戸建ての家族寮に帰り家族と再会した。

こうして私の日本銀行東京本社外国局での新しい仕事が始まったのである。三重野さんに極秘文書を渡された日は土曜日で、次の日引っ越しの片づけをやりながら読んでみたが、大阪にいたころ漠然と考えていたことが国際社会では更に急テンポで進んでいるようであった。妻もその文書のことは何も聞かなかったが、後で「そんな事だろうと思っていたわ」と言っていた。

話は少し戻るが、私が日本銀行の大阪支店にいたころ、その支店営業課に緒方四十郎という方がおられた。彼は私より六、七年も先輩であられ、大学の先輩後輩の間柄ではなかったが、彼も数年前にフルブライト留学生（日本銀行からでは最初の？）として、アメリカのボストンにあるフレッチャー・スクール（世界でも珍しい法律と外交の専門大学院。ハーバード大学とタフツ大学が共同で経営していたが、二〇〇六年以降はタフツ大学の単独経営となる）に留学、同学の貞子氏と結婚され、帰国後大阪支店営業課で修業中の身であった。緒方貞子氏と聞けば皆さんも当然ご周知と思うが、国連の難民救済のため多大の尽力をされ、女性の社会進出が世界平和の鍵であるという強い信念をお持ちの方であり、その行動力には感嘆するばかりである。

脱線ついでにもう少し寄り道をさせてもらおう。私と緒方家とは人並ならぬ因縁がありそうである。緒方家はそもそも明治以前からの大阪の高名な蘭学者、緒方洪庵先生を先祖に持つ名門とそのとき四十郎氏から聞いたが、父君であられる緒方竹虎氏も副総理などを務めた日本史に名を残す人物であられる。その竹虎氏が我が母校である旧東京商科大学を卒業され、朝日新聞東京本社において主筆を務められ、私の父の直属の上司であられた（手元にはないが東京の自宅に保管してある『朝日新聞社史』に、そう記載されていたと記憶している）というのにも、深い縁を感じずにはいられない。

父からよく聞かされた話がある。昭和一一年（一九三六年）、小生三歳で北満ハルピン在住時、偶々社命で一時帰国し朝日新聞東京本社の社会部で、手伝いをしていた父は、その年の二月二六日夜、有楽町の本社で宿直に当たり、例の二・二六事件に直面したのである。その夜、暴徒が朝日新聞社にもやってきて「主筆の緒方を出せ」と銃剣を宿直に突きつけた際、私の父が若気の至りで、「俺が緒方だ！」と大手を広げ暴徒の行く手をふさごうとしたら、「バカもん！」と怒鳴られたうえ、その銃剣の先でつつかれた傷が顔の右側に残っており、「その時うけた痕がこれさ」と、機会あるごとにわれわれ家族に見せたものである。

四十郎氏とのエピソードに話を戻そう。昼間、私どもが日本銀行大阪支店内の職員食堂の前であったりすると、「おい磯部、朝日でご馳走になって来ないか」などという悪巧みで意見が一致、同じ大阪市の中之島にある朝日新聞大阪本社に出かけ、誠に失礼千万なことに、その当時緒方さんの父君、竹虎さんと職場でご一緒された何某とかいう偉い方がお暇であると、朝日の本社建物のたしか九階だか一〇階にあった高級洋食屋に連れて行ってもらうことがあった。

ご先方も昔の朝日人の息子が来たというので喜んで下さったのだが、こういう下りが先述の私の入行時面接試験での三重野氏のご発言の背後にあったのかもしれない。しかし、われわれが新聞に喋ってはいけないような秘密を持っているはずもなかったし、このような交流はむしろ、あってしかるべきだと考えていたわれわれである。

その席で〝我が国のIMF八条国移行の是非について〟も議論になった。

「なぜ、国は八条国への復帰をそう急ぐんだろうね、一体一ドル三六〇円だというレートを、何を根拠に決めたのか。この間、東京の連中がGHQに取材に行ったようだが、分からないと言っていたそうだ。本当に金・ドル本位なんて、うまく行くのかな。アメリカの言いなりになっていいのかな。本当に日本国民の利益になるんだったら、いいんだけどね」という緒方氏の呟きが私の心に深く焼きついた。

三重野氏から書類を手渡された土曜の翌週、外国局資料係という所に自分のデスクがあり、周囲には私よりも若かったが、その後何十年もたってみると、そうそうたる方々が同僚としておられたことに気づかされる。

たとえば、旧東京帝国大学の総長をなさった南原繁氏のご子息である南原晃氏であるとか、日本ボーイスカウト連盟で既に指導的なお立場でご活躍をされており、そのことを通じ自らの人格向上に常に心されておられた長坂健一郎氏などである。

更には、われわれの係長をされておられた今井さんという方は、旧制の第一高等学校に首席で入られ終戦後新制となった東京大学を卒業され、年齢的には私の四、五年先輩の温厚な方であったが、「いずれは三重野さんの後を継がれる人だよ」と、人事通の南原さんから教わっていた有能な方もおられた。

その今井氏が「今日の午後二時からの八条国会議には局長も出られるので皆さんよろしく。場所は局長室だってさ。それでは磯部君、そろそろ行こうか」と昼食に誘ってくださり、当時できたての新館（古い建物の神田寄りにつくられた一〇階建ての建物）最上階の一般職員用の食堂にお供したのを思い出した。

そしてその時、私は予想だにしなかったことを今井係長から告げられたのである。

「今日の昼からの会議のあと、前川局長から君に直接話があるはずだがね」と言って、いる。

今井氏は黙ってしまった。その晩も家に帰ったのはたしか午前様であったと記憶している。

会議の後、局長机の隣に座らされた私に前川局長はまずおっしゃった。「君は中国人だったかね？　いや、なんでもいいんだが、君の国籍はたしか……」と言われたのである。そのような質問は、既に五回以上いろいろのところで受けていたので、答え方はいつも決まって正直に、「生まれは東京中野ですが、八カ月か九カ月で中国というか満州のハルピンに行き、小学校は北京で入りました。しかし、中国語はほとんどわかりません。いわゆる白系中国人です」とお答えしたら、「それじゃ国籍は日本だね」と言われたのである。

平素、尊敬していた前川さんが相手でなかったら、恐らくまたそこで失礼なことを申し上げていたかも知れない。前川氏は続けて、「実は来週ＩＭＦから、人をもらいに来るのだが、日本人で『向こうで骨を埋めてもよい』と考えている若手が欲しいそうなのだよ。君はどうかね？　奥さんとよく話し合って、明日までに返事をくれないか？」と言われたのである。

その時のやりとりは忘れようとしても忘れられない。私は、はっきりとお答えしていた。「ありがとうございます。私にやらせていただきます。家内は日本文学が専攻でしたので、英語はまったくダメです。しかし、家内の気持ちは、ここではっきり分かりませんが、私と同年配ですからお国のためなら何でもやる教育は受けております。答は明日までお待ちいただく必要はございません」と。

私はこの尊敬申しあげていた前川さんに、都合二回ほど二人きりで親しく食事をご馳走になる機会を得ている。いつぞやは日本のビジネスマンの対外国人ビジネスマンとの関係づくりの妙義方法などについてお教えいただいた。

もう一回は、一九六六年の春、ワシントンのＩＭＦ本部からヨーロッパ・オフィス開設準備のためスイスのジュネーブに転勤をすることになったとき、日本経由で移動したのだが、東京に立ち寄り、前川局長より種々ご指導を賜った覚えがある。

私は既にＩＭＦに骨を埋める覚悟でいたのであるが前川氏から、当時のＩＭＦ内部での転勤を聞いて「すごい。日本人としての抜擢だぞ」と褒めていただいた。

いずれの場合も、私にとって何より貴重だったのは日本銀行の人事政策における話であり、あまり世には知られていなかった事柄を前川さんとしても前々から機会あるごとに公言されておられたし、そのときは既に国際機関の職員となっていた私を相手としてのお話であったこともあり、極めて率直なお話が伺えたと思う。

もうあれから何十年の歳月もたって、世間の価値観にも大きな変化も生じており、昭和の記録として、あるいは昔話として、前川氏のお言葉をここに残すこととする。

内容はよく言われていた〝学閥の問題〟（日本銀行は年度ごとに約二〇名の職員を全国の大学から採用することとなっていたが、そのうちの約半数が東京大学法学部公法コースから入行する、当然偉くなるはずの人たちであった）である。学閥の連帯意識が縦社会を構成し、連携の取りやすさ、行動に移す際の迅速さを生み、組織を強くしていくとも言えるが、徒党を組みより閉鎖的な官僚制度の基礎となり、現在の世論と言ってよいと思うが、金と権力が横行する腐敗的なイメージを作り上げてしまった元凶ではないだろうか。

私の記録も記憶に頼る部分が多いので、これにより個人的に大いなる反論が出ることもあろうがお許しを得たい。いずれにしても今から六〇～七〇年前の日本の戦後復興時に、このような考えが日本銀行の幹部の中にあったことは事実のようである。

私自信はジャーナリストのＤＮＡを持つ者として、〝霞が関〟の縦割り行政の実態に大いに憤慨した心地もあったが、よく考えてみると戦後の日本を立て直す上で、官僚制度の強みは案外そのようなところにあったのかもしれない。

今となってはこれからの新しい日本のためにも、前川さんから見れば全くダメ人間の私の極めて個人的な話として、記録しておく方がよいかもしれない。

では私とＩＭＦとの出会いに話を戻そう。前川氏の依頼から二週間後、ワシントンから数名の幹部とほぼ同数の若い職員、もちろん同行してきた〝ジャパン・デスク（ワシントンのＩＭＦ本部に数名の専門スタッフが常駐し、対日本を専門にみるための役割を持っていた）〟の行天豊雄氏など、総勢一五、六人の〝日本の八条国移行の是非〟を判断する材料を求めるためのミッションが来日、首相はじめ経済界、報道界などとのコンサルテーションが行われた。

当時の新聞、経済関連雑誌などを見ると、若干誇大的過ぎた感じもしないではないが、大東亜戦争に完全に敗北した我が国の戦後復興と、国際舞台に復帰する猛烈な気概が感じられる出来事であったと記憶している。

なんとその時、来日したミッションの代表は、三重野氏から私に宿題として読まされていた文書〝A Short Introduction to The Articles of Agreement of The International Monetary Fund〟を書いた人物であり、当時のＩＭＦ為替管理局長のフリードマンというユダヤ系アメリカ人だったのである。しかも、この人が以前から前川氏に、将来IMFに骨を埋めてもよいと思っている日本人スタッフが居たら欲しいという話をしていた張本人であったらしいのである。

そこにちょうど居合わせたのが私であり、その時面接を東京でやってみたら、フリードマン氏が私をなんだか中国人（戦後、中国は戦勝国に入っていた）であるかのような英国風の幼児発音だが、なんとなく言葉も知っていそうだという判断を下したらしいのだ。

こうして私もいよいよ国際経済の檜舞台に立つことになるわけだが、私にとってIMFでのおよそ七年間の勤務において、非常に充実した時間を過ごさせてもらった。この頃には生涯の友人となる人たちとの出会いも多くあった。

そのうちの一人がオランダの大蔵大臣、中央銀行総裁、そして欧州中央銀行の初代総裁を歴任し、ユーロ紙幣に名前（サイン）を残したダイゼンバーグ氏である。偶々IMFのイギリス担当スタッフとして隣の部屋にいたが、大の日本酒好きであったことからよく我が家に遊びに来ており、遂に義兄弟の契りを交わすまでの交流を持たせていただいた。やはり脱線癖が抜けないでいるが、国際経済という戦場を共に駆け抜けた戦友を思うとひとえに感慨深いものである。若く情熱に燃えていたあの頃が懐かしく思い出される。

先にも述べた通り私がＩＭＦに出向した当時、日本では八条国移行問題がクローズアップされていた。手元にＩＭＦ憲章の原文がないので引用はできないが、八条国というのは同憲章第八条に定められた経常的国際取引に対する規制禁止を中心とした諸規定を、条約締結国として厳守することが求められている国を言う。

また八条国に定められていないその他の国として、たとえば独立国家としての成立から日が浅いために、国際的商取引に関する各種法整備が未だ出来ていない発展途上国であるとか、先進国であっても戦争による国政の混乱のため通常国際貿易取引において赤字が年々累積し、自国の国内経済・金融政策などについて極めて厳格なＩＭＦの監視を常時受けなければならないとか、対外貿易での不均衡（赤字）が長く続き回復の見込みが立たないような場合には、時として国家主権が侵されたような印象すらあたえかねない（"conditional"な）融資を基金から受けて、対外均衡回復につとめなければならない国として一四条国とよばれる国々があった。

ＩＭＦ発足当時は戦争直後ということもあり、当然のごとく敗戦国のドイツ（当時は東西に分かれての国であった）や我が国日本もいずれも一四条国であった。その後、一九六一年に西ドイツが戦後の奇跡的な復興を迎え八条国に移行しており、我が国日本も一九六四年にはＩＭＦにおける八条国移行を完了することになる。まさに〝東洋の奇跡〟とよばれる高度経済成長により、対外的にも戦後復興を成し遂げた瞬間といっても過言ではないだろう。

ある時、未だにＩＭＦ協定上はいずれも一四条国であったネパールとフィンランドへのコンサルテーションに、ＦＯＲＥＸ（当時ＩＭＦ本部で為替管理局に在籍していると、私のように為替オンチであっても、どこかの国に行くときにはこのような肩書で行かされたので前準備が大変であった）として参加させてもらったことがある。

フィンランドの大蔵省の方々とお話をしている時に、「ＩＭＦの言われる通りに世界の貿易を自由化することは大変結構だが、一方、短期の資金移動が時には巨大になって、その国の通貨に対する投機的な動きを起こすということはないだろうか。そのような事態に備え、いつでもまた昔のような為替管理の体制がとれるように、最近聞いたところではイングランド銀行では七六九人、ベルギー国立銀行（Nationale Bank van België：ベルギーの中央銀行）でも六〇〇人の為替管理局員を新たに採用したため、これらの銀行は人件費の増加で困っているようだ」との指摘がなされた。

私は「そのようなときに再び為替管理の世界に戻らないことを目的とした、巨大な量の投機性の短期資金の流出入によって一時的に生じる国収支の赤字補てんを迅速に行えるよう、新たに特別融資制度を完備したところなので、再び為替管理をお考えになる前にこの新制度（後の議論の中心となる〝特別引出権（Special Drawing Rights：SDR）〟のご利用の方をお考えください」と、いかにも対顧客用マニュアル的説明を残して本部に帰り、局長や専務理事に報告する他なかった。しかし今日だったら、まったく異なった返事を残してきたと思う。

これから未来の経済はどこへ向かい、どう進化しようとしているのか。今まさに科学としての経済学をより高度に、より柔軟に、発展させる時なのではないだろうか。

私が生きた時代を振り返るに、まさに激動というに相応しい時代で、経済においても例外ではなく過去類を見ない発展を遂げたわけであるが、人類の英知をはるかに超えた速度で展開していく今日の経済社会を驚きをもって拝見するとともに、これから生まれてくる子供達が経済社会というものに触れるとき、生まれた国や人種や宗教の区別なく平等に幸せを感じれる社会であるべきだと感じるのである。

国際経済の只中で多くを学び考える時間を与えていただいた者として、少しでも社会のお役に立ちたいと思い、もう少し筆を進めさせてもらおうと思う。

第二章　金本位制度について

神の意志が介在したかは判らないが、混沌の中の一点から全ての物質が生まれ出た（いわゆるビッグ・バンによる宇宙の始まり）のは、今から一三七億年前だと言う。そして地球が太陽系の一惑星として形成されてからおよそ四六億年、生命が誕生しわれわれ人類がホモ・サピエンスとして進化してから約二〇万年が過ぎ、およそ八千年前にはわれわれの先祖は石や鉱物、火といったものを扱い始め、そして文明というものを手に入れてから約五千年が経過して来ている。

この永い歴史の中で、人間が初めて機械を使って物を大量に生産する産業革命を起こしたのは、今からたった三〇〇年前のことなのである。西暦で言うと多くの歴史家は大体一七六〇年頃のヨーロッパ、なかんずくイギリスおよびフランスで産業革命が起こったとしている。

事象的には幾多の産業で発明やその応用が見られた中で、ジョン・ケイというイギリス人が一七三三年に〝飛《と》び杼《ひ》（fly-shuttle）〟という紡績機で緯糸を経糸に通す器具を発明、次いで一七六四年にジェームズ・ハーグリーヴスという人がそれを応用して新式高速紡績機の〝ジェニー紡績機〟を作り、翌々年にその特許を取得してイギリス紡績業に革命的な生産の増加をもたらした。フランスにおいては〝ミディ運河〟が一六八一年に開通して、木綿の原料となる大量の綿花の輸送が可能となっていた。また時を同じくして、イギリスではジェームズ・ワットの蒸気機関の発明および改良などもあり、まずヨーロッパで石炭発掘と紡績産業、そして輸送産業から人間の「ものづくり」の世界に革命的現象が現れたと見て間違いはない。

同時にわれわれは次の年号もここで記憶にとどめておくとよい。すなわち、一六九四年に〝イングランド銀行（Bank of England：後にイギリスの中央銀行となる）〟、そしてその翌年には〝ロンドン証券取引所（London Stock Exchange）〟が創設される。またイギリスより少し後れて一七一六年には、後の〝フランス銀行（Banque de France）〟となるフランス最初の銀行がジョン・ローによって創設されることとなった。

また一七七六年、アダム・スミスにより『諸国民の富』が発表され、一八一六年にいたっては、イギリスにより本編の主題の基礎となる〝金本位制度〟法制化がなされたのである。

産業革命以後、それまでになかったような大量の物資が世の中に満ちあふれるようになった。また、それに伴い人々が毎日消費していく自然界の資源も、決して無視できる量ではなくなってきたのである。

このように物と物を交換する経済活動の中で生ずる光と影を、いかに人間同士争うことなく、公平にかつ道理にかなった方法で分かち合ったら良いのか、われわれは少なくとも二一世紀初頭までに、きちんと考えておくべきであった。

誠に残念なことにその時、人間が選んでしまった途は戦争による利益の奪い合い、そして損と害の擦り付け合いであった。

経済思想の歴史をおおまかに振り返ってみると、まず上記のアダム・スミスに代表されるような古典派経済学者の多くは、このような人間間の争いは、結局は神の采配（市場の見えざる手）によって円満に解決されるとした。

しかしながら、この思想は日進月歩で多岐にわたり、拡大進歩する産業革命後の人間活動、そしてそれに即応した市場の複雑化にはまるで対応できなかった。また、世の中にあふれる商品の多様化と国家権力意識の台頭に伴う貨幣経済の発展には、新しい国際通貨制度の登場が要求されていた時代でもあった。

この時代に必要とされた経済学の理論とは、もっぱら物資の交換に当たり、いかなる条件が満たされれば、その交換という行為から経済的利得が最大となるかというような論理であった。

そして、それ以上に重要だったのは物資の交易に直接関与した国々の間での最終的決済方法を、何でどのように行うかという問題ではなかったのではなかろうか。ここに人類の知性が〝金本位制度〟なるものを登場させたのである。

ただし忘れてはならないのは一九世紀当時の交易は生産物が主で、いわゆる物々交換の時代であり、資金の交易ではなかったということである。この点は非常に重要である。さらに重要なことは、金本位であるから当然ではあるが、一回決めた金と他の価値との関係は、ある期間は一定に保たれることが暗黙のうちに約束されているということにある。これが〝固定平価制度〟と呼ばれる由縁である。

たとえば戦後、日本の通貨である円はアメリカの通貨一ドルに対し三六〇円であると固定されており、当時のドルの価値は純金一オンス三五ドルと定められていたので、逆算すると純金一オンスが一万二、六〇〇円となり、一円の価値では限りなく微小な金としか交換できないことになる。

ふと、こんなことを思い出した。一九五七年にまだ日本銀行の二年生だった私の月給は八、六〇〇円だった。先に述べた通り、ちょうどこの年にアメリカに留学したのであるが、アメリカに着いて留学先の大学の総務課に、一応本国での俸給を書かされた時、少し多めではあったが二五ドルと書いた。

後で総務課から呼び出しがあって、「虚偽申告である。いくら何でも〇があと一つぐらいはあるだろう。虚偽申告をすると即時退校させられることもある」と脅かされたことがあった。「これは年俸ではない。年俸を書くならボーナスも入るから、その一四倍くらいはしよう」と答えたところ、先方はなかなか納得しなかったが、結局はまだ数字がろくに書けない留学生なのだということになり、可ということにしてもらった。この時にも日本円がなぜ一ドル三六〇円なのか大いに疑問に思ったが、当時は誰もこのようなことを問題にする人はいなかったのであろう。

その後、私はこの問題を調査する限りにおいて、最も有能で権威を持っている（いるはず）と思われるＩＭＦの調査室で何時間もの時を過ごしたが、とうとう明確な回答を得ることが出来なかった。

私がＩＭＦで勤務していた時分、既に我が国日本もＩＭＦ憲章でいうところの八条国になっており、かつては敗戦国であったが、当時国際的に見てもかなり重要な地位を占めるにいたっていた。

先にも述べた通り、その頃ＩＭＦのオフィスに〝ジャパン・デスク〟と呼ばれる部屋があり、ここに我が国の大蔵省きっての国際金融通の官僚であった（たしか昭和二九年か三〇年入省の方で、前後を見渡してみても、この方ほどの人材は出なかったと私には思われる、個人的にも尊敬していた）行天豊雄といわれる方がおられた。また、国際機関であるから理事会に出席するため日本からも理事を選出することが必要であり、その代表として当時、大蔵省審議官であられた鈴木源吾氏が就かれていたし、後に厚生大臣をされた近藤鉄雄理事代理、そして日本銀行からも私の同期で東京大学法学部出身の若月三喜雄氏などがおられた。

若月氏などは、外国で骨を埋めるためではなく勉強のために、当時はＩＭＦ本部のアフリカ局におられ、日本銀行の対外政策を任されるに相応しい人物として、後に日本銀行理事にまで昇進されている。私なども、公私ともに大変にお世話になった方である。

いずれの人物も英語は堪能で、国際的にどこへ出られても立派な日本人として通用する、そうそうたる経済人がおられたのであるから、その時に諸先輩方から大いに日本円の適正平価につき、多くのお教えを受けておくべきであった。「後悔後を絶たず」とはこのようなことを言うのであろう。重要な問題ではあるが、この適正平価の理論的議論はのちに譲りたいと思う。

よくよく考えてみれば、少なくとも産業革命後、各国の通貨の平価のあるべき水準に関する理論的解明がなされないまま、国際的な貨幣経済の基準として固定平価制度を持ち込んだのは早計であったのかも知れない。故に、その理論を持たないまま自国の輸出増加のみを求めた平価の切下げ競争に走った歴史が、現在の貨幣価値の迷走を物語っているようにも思う。

また人類は二度にわたる世界大戦により、その歴史に多大なる汚点を残してしまう。その戦後処理にあたり、恒久的世界平和を夢みた国々は、ここで再び一八世紀に生まれた金という自然界に存在する一金属を本位とする金本位制度を、そのまま二〇世紀の国際金融制度の再建に持ち込んだのである。

この金本位制度は魅力ある制度ではあったが、やはり金という自然界に存在するもので世界経済を律すること自体に無理があったことは否めない。そしてこの時人類はもう一つの本位を受け入れざるを得ない状況に追い込まれる。否、当時の人々はこの制度に大きな希望を抱いていたに違いない。つまりは一つの独立国に過ぎないアメリカという国の通貨である米ドルを、金の価値に直結させる金・ドル本位制度を、戦後の国際経済秩序の回復基盤に据えることに同意したのである。

一九四四年にアメリカ主導により開かれ、国際的な条約であるブレトン・ウッズ協定（Bretton Woods Agreements）を締結した連合国通貨金融会議は、その制度の導入のために開かれた会議であったし、いわゆるブレトン・ウッズ体制と呼ばれるＩＭＦや世界銀行たる国際復興開発銀行が国連の金融専門機関として創立されたのも、その制度を確実に実行するためであった。

そして、このアメリカという国は戦後の混乱期に自国の経済的地位を確保することのみを考え、物資の交易を金に直結させたドル紙幣によって交換する制度を、ほぼ完璧と言ってよいほどの精緻さと強引さとで瞬く間に組み立ててしまったのである。

これが戦後から今日にいたるまで、なお人々の頭の中にドルさえ持っていれば世界中どこでも現金として使える。また、いかなる国でも最終決済手段として相手の国から文句を言われず受け取ってもらえる国家の対外支払準備であるという理念、そのことを文章で規定したＩＭＦ憲章を、あたかも国際間取引の憲法であるかのように扱う慣習を生んでしまったのである。

しかし先ほども触れたように、これはあくまでも時間をかけて物資を生産し輸出する生産国と、その物資を必要とし輸入する非生産国との間の輸出入の場合にのみ有効な決済方法であることを忘れてはならない。

そのため経済原理を説明する上で固定平価の概念から言えば、今年生産したものであっても、代金決済ならば支払いが今年中に行われようと、来年行われようと相場が変わらないように固定されている。

しかも生産国には輸出増加により一定の資金が流入するはずであり、自動的に同国の流通貨幣量を増加させるような金融政策をとっておけば、国内物価はいずれ上昇し輸出量は減少、逆に輸入量が増加して国際収支はいずれ均衡するであろう。〝すべてがうまくいけば〟というのがそもそもの理論であった。

戦勝国（勝ち組）であるアメリカをはじめ、ブレトン・ウッズに集合した諸国の代表たちも、この点について全く気づいていなかったということでもなさそうである。

実は、今日では金額的に言って、生産物の交流の結果として国際的に動くお金よりも、動く理由がはっきりしないお金の動きの方がはるかに多いし、金額的にも巨大になってしまっているのである。

ここに大きな落とし穴があったわけであるが、当時の勝ち組である世界の国々はこの底知れぬ穴には落ちずに済むと思っていたようである。しかし結果的には、その落とし穴を避けて通れるほど国際政治が発達、成熟していなかったことに、当時の世界の国々は気づかなかったのだ。

そうして人類は過去の過ちを教訓に、今度こそ確固たる国際金融制度を創り上げるべきであったにもかかわらず、また新たな過ちを犯してしまうことになり、この金・ドル本位制度も、識者であれば誰もが予想できたであろう、いくつかの理由からその後四〇年も経たないうちに、私たちの目の前で崩壊して行ったのであった。

私が社会に出ていったのはちょうどその頃の時代であり、図らずもその制度のど真ん中に入ってしまったのであるが、私が国連職員としてのパスポートを持ち、ＩＭＦという所に日本銀行から出向したのは一九六五年から一九七八年にいたる、わずか一〇年間を少しばかり上回った程度に過ぎない極めて短い期間であった。更にこの間の数年は、東京の日本銀行本部で先に述べた為替管理局から外国局という名に変えていた職場で、ほぼ同じような仕事に携わっていた。

故に、本制度の実証人と言っても同制度を運用してきた本人としてではなく、やや距離を置いた視点からではあったが、私は人類が創造したこの巨大な制度が死を迎え、その巨体を左右にくねらせ大きな唸り声を発しながら深い海に沈んでいく様を、すぐ傍で見ていた一漁師のような気持ちがしてならないのである。

今まさに大海の底に沈もうとするこの巨大な制度を竜に例えるならば、怒声を上げてのたうちまわるその巨体の背骨や手足の骨は、すべて人類を魅了してやまなかった黄金でできていたが、その表面を覆っている緑色をした何万枚ものドル紙幣（その印刷の色から〝greenbacks〟と呼ばれた）の鱗の間からは、ドロドロした膿があっちこっち流れ出していた。そしてその大きな竜の格好をした怪物の頭部には、アメリカのニクソン大統領が自ら書いた死刑執行書が一枚、セロテープで貼りつけてあるのだった。

いわく、「世界の信用さま。アメリカは一人自らの国を救うため、金・ドル本位制度を続けることができなくなり、一九四四年末にブレトン・ウッズで約束した条約の破棄と、この竜の死刑執行を宣告する。一九七一年八月一六日、アメリカ合衆国大統領リチャード・M・ニクソン」。

いわゆるニクソン・ショックと言われるこの一連の出来事は、少なくとも私自身がおくってきた「人生」に対する反逆の一つに思われた。そして、このような結末になる事をニクソンすら予想もしなかったこの怪物は、多くの黄色い膿の塊をあちこちに残したまま、深い海底に静かに消えて行ったのである。

ニクソンの声明からいわゆるスミソニアン会議での合意に至るまでには、喧喧諤々の議論がなされた。特に日本のように輸出を経済の中心に据えていた国にとっては影響が大きかったが、ここでも一九世紀に始まるアメリカの利権主義の横暴さが露呈することになる訳で、そうしてアメリカという巨大な権力の分身である〝金・ドル本位制度〟という竜の生と死を垣間見ることになる。

今私の脳裏に思い起こされる風景がある。断片的ではあるが当時の日本の混乱ぶりを、現場にいた者として私の網膜から記憶された状況を率直に伝えられていれば幸いである。

一九七一年八月一六日、日本において、東京証券取引所の平均株価が二一〇円五〇銭も大暴落する。一三時間遅れで開くニューヨーク証券取引所では、逆に株価が急騰したのは言うまでもない。日本は最後までドルを買っていた。「ドルを守る」としたわけである。これは世界の先進国の中では日本だけの行動であった。安保以降アメリカの存在は絶対であり、アメリカに見捨てられることの恐怖が存在したのも事実であろう。あるいは日本人の気質として、弱気を助ける武士道的な考えも多少はあったかもしれない。その結果日本の外貨準備は膨らんだが、諸外国からは軽視されることとなる。

一九七一年八月一五日、その日は日曜で日銀も休みだったと記憶している。富士銀行の知人から前日の土曜に続き何度か自宅に電話があり、最近ニューヨーク市場が荒れているとの報告があった。とにかくドル売りが激しいと言うのである。私はにわかに信じることが出来なかったので、さっそく当時日銀からニューヨークに駐在していた若手の岡田氏やロンドン駐在参事であった速水氏に聞いても、詳しいことはまだわからないが、どうやらアメリカが重大発表をするのは本当らしいということだけはわかった。

日本時間翌日月曜の朝一〇時にニクソン大統領の演説があるという。当時はまだラジオが政治家にとっての有力なマスコミュニケーションの手段であり、このニクソン演説も、かつてフランクリン・ルーズベルト大統領がラジオを通じてニューディール政策について、国民に親しげにわかりやすく語りかけて高い支持率を獲得した炉辺談話に習った形のものであった。

私の兄が偶々NHKにいて、海外のニュースをいち早く入手することができた。翌一六日の朝、たしかヴォイス・オブ・アメリカというロサンジェルスのラジオ局からアメリカ国民向けに放送されたニクソン大統領の演説の音源を録音していたとのことで、聞かせてもらうと「アメリカは本日より金とのつながりを切ります」といった内容で、具体的には金とドルの交換停止、一〇パーセントの輸入課徴金の実施を核とした、アメリカの一方的なドル防衛手段の断行を決定したことは本当だという確信を得たのである。

日本時間で当日中に開くヨーロッパ市場、日付がかわってから開くニューヨーク市場はともに大荒れとなった。当時は日本では外貨の集中管理制度、つまり個人で外貨を持っていてはいかんという法律があり、国家が外貨を買い取っていたが、例えばロンドンでは個人保有のドルが一気に売られる。イギリス・西ドイツ・イタリア・フランス等のヨーロッパ主要国は相次いで為替市場を閉鎖したが、日本は市場を閉めずに一ドル三六〇円でドルを買い続けてドル防衛に加担した形になった。

当初は大蔵省や日本銀行の中でも、ニクソンの発表の今後への影響の大きさについて、様々な解釈やら将来に向けての展望やらが入り乱れ、なかなか方針を定めることが出来ず、日本は主要先進国の中で唯一、一〇日間あまり固定相場制を維持することとなったのである。結局為替市場の混乱があまりにひどくなったため、固定相場のこれ以上の維持は困難との判断から、一ドル三六〇円の固定レート時代は終わりを告げ、二八日の為替レートは一ドル三四二円となった。この間の日本銀行のドル買い支えは四〇億ドルに上り、日本の外貨準備額はこの二週間で約八〇億ドルから一気に一二五億ドルに跳ね上がった。

しかし結果的には、支えたはずのアメリカからの信頼も得られず、フランス、西ドイツ等のヨーロッパ諸国および日本とアメリカとの間の交渉が進められたものの、為替市場の混乱は続くという皮肉な結果となった。

固定相場制への復帰を念頭に置き、九月一五日にロンドンで一〇カ国蔵相会議が開かれ、多国間通貨調整の交渉が始まったが、大もめの末会議は決裂した。その後も九月末にワシントンで、一一月末にローマで一〇カ国蔵相会議が開催されたが、貿易黒字国の責任を追及するアメリカと、ドルの切り下げと輸入課徴金の撤廃を求めるヨーロッパ、日本との対立は続いた。しかし大幅な円切り上げを求める国際的圧力だけは確実に高まる。

一連の交渉で主役を演じた人たちの中には、テキサス州知事時代にケネディ暗殺事件に巻き込まれて負傷し、その後ニクソン政権入りしていたアメリカの強硬派ジョン・コナリー財務長官と、後に大統領にまで登り詰めるフランスのジスカール・デスタン財務大臣がいた。二人が立ちあがって激論を交わす場面が何度も目撃されている。最終的には一二月中旬にワシントンで決着の方向となった。

一九七一年一二月一七日、一八日の二日間にわたり、ワシントンDCのスミソニアン博物館で開催された、一〇カ国蔵相会議で金とドルとの固定交換レートの引き下げ、アメリカの輸入課徴金の廃止、ドルと各国通貨の新たな固定レートの採用が合意され、「スミソニアン体制」がスタートすることとなった。日本は一ドル三六〇円時代を長く続けて円の切り上げをまったく行ってこなかったため、ここで他の国に比べ大幅となる一六・八八パーセントの切り上げが決められ、一気に一ドル三〇八円となった。こうして世界は再び固定相場制に復帰することとなったが、この体制がいつまで維持できるかについては当初から疑問の声が上がっていた。本位制度そのものが時代の要請に合わないものになってきていたということである。

翌一九七二年になってもドル売りはおさまるどころかむしろひどくなり、投機買いも増えてイギリスのポンドや西ドイツのマルク、スイスのフランが、そして最終的には金の価格も高騰した。そのうちに戦争も辞さないのではと心配されるほどの勢いでの、けんか腰の国も出始め、背に腹は代えられず独自に変動相場制に移る国が増え、一九七三年三月にパリで開催された一四カ国による通貨会議を契機に、なし崩し的にほとんどの先進国が変動相場制に移行する。スミソニアン体制は一年三カ月で終焉を迎えることとなったのである。

この流れの中で、日本は急激に進む円高を最小限に抑え、当面の利益を確保せんとして、大量の国債発行と大胆な金融緩和という愚かな行動を何度も繰り返す悪循環にはまる。現在の安倍政権がやっていることと同じである。

国内外でいろいろなことが起こった。一九七一年には田中首相が「日本列島改造論」

をぶち上げ、その実現のための積極的な金融財政政策の推進を表明。そのため一九七二年の国債発行額は二兆円に迫った。しかし一九七三年には第四次中東戦争が勃発し、アラブ諸国は原油の禁輸措置を実施し、石油輸出国機構（ＯＰＥＣ）は原油価格の引き上げを発表した。このオイルショックにより日本国内での石油価格は四倍に跳ね上がり、さらに一九七六年にはロッキード事件が明るみに出た。

日本経済は大混乱に陥る。高度成長政策は限界に達し、総需要抑制政策への転換を余儀なくされた。石油がなくなっては困る。石油を買うためのドルがなくなっては困る。ドルを買うための資金がなくては困る。そのためには国債の追加発行が一番安易な道というわけである。当時は石油や食料の輸入をすべて外貨で決済していたのでその分の外貨がないと日本は生きていけなかった。

外貨がどうにも足りなくなってしまい、当時日銀の外事審議役だった速水優氏とともにアラブ諸国に日本国債を売って外貨を獲得するため、サウジアラビアのジェッダに売り込みに行ったことがある。中央にある丸テーブルを皆であぐらをかいて囲んでの交渉が成立した夜、砂漠に向かって大声で「月が出た出た、月が出た」と声高らかに歌った覚えがある。

一九七四年に日本は戦後初のマイナス成長に陥り、景気の後退と物価の上昇が同時進行する「スタグフレーション」を経験することとなったが、ここでも税収の減少を補うために国債の発行は継続される。

ニクソン・ショック、スミソニアン体制の創設とその崩壊、その後の変動相場制への全面的移行のプロセスから学ぶべきことは、為替相場は市場が決めるもので、いかなる政府や中央銀行も意図的な操作をしてはならないということであろう。

日銀のロンドン駐在参事だった時代も含めて、このころにはＩＭＦ総会をはじめとする国際会議への出席の機会が多く、実にいろいろな方々と、実にいろいろな国々に行き、実にいろいろな経験をした。共に後に日本銀行の総裁になられる前川氏や速水氏とは行動を共にさせていただくことが特に多く、ナイロビのびっくりするほど大きな公園の近くでユニークなお土産を買い込んだケニア、食事中にふと見上げると天井からサルの肉の燻製がぶら下がっていて大笑いしたコートジボアール等々、想い出には事欠かない。

私は夢を見ていたのだろうか。

ふと気がつくと、あの怪物から出た膿の塊の一つが私の立っている海岸近くまで漂って来ていて、「円やら元、ユーロでも何でもいいから持っておいで。結局は、こういうことになるんだからさ」と囁き、へらへらと不気味な笑い声を残して遠ざかって行ったのである。私はこの悪夢を目の当たりにし、金本位制度崩壊の実証人として、どうしてもこのことを書き残しておかねばならないと決意したのである。

少し視点を変え、金本位制度の基盤である金と言う鉱物の魅力、そしてそれが持つ「価値（その信用量）」について少し述べてみたいと思う。

この地球上にわれわれ人間のうち、自己意識（ここでは価値観という言葉を使う）を持った成人だけでも数十億という個体が存在し、しかもそれらが異なった主権を主張する数百の国家という政治制度の枠内に生息している。

このような環境の中で、ひとつの自然界に人工物としてではなく太古の昔に、人類が生存する以前から存在した一種の金属である金（元素記号Au、原子番号79）というものが、この制度内の大半の人々から絶対的な価値物とみなされ、それに準拠した金融制度、国際決済制度が一九世紀の末頃から先の第二次世界大戦後の一九四七年頃まで、アングロサクソンおよびアングロサクソンを国民の大半に持った国々を中心に実際に採用されてきた歴史がある。

しかも二〇一六年の今日にいたっても、未だにこの金という一金属の束縛からわれわれ人類は完全には脱しきれていないと言ったら、日ごろ経済というものに全く関心を持たない人であったら何と言うであろうか。

実は私がこのようなことを書き出したのも、私自身この金本位制度という制度の本流の、すぐ傍で足を取られ流れに沿って泳ぐことも陸に上がることもできず、右往左往していた時代に長く生きていたからである。

ここしばらくは、好んでそのような制度の中に飛び込んでいったわけではなく、ただ気がついたらそのような制度のもとに生きていたということではあったが、かかる実際、金本位制度の中で動いていたことを実感したところから本制度の最後の実証人の一人として、そこにおける自分の生活がどんなものであったかを振り返って見ることとしたい。

今になって私はその時代をこう考える。ここに数十億もの異なった価値観を持つ人間が存在する中にあって、それら誠に多数の人間らに、たった一つの鉱物に過ぎない金というものに絶対価値を認めさせ、それを数十億の人間も「信用」し切って、自らの経済生活を運営して行く上での価値基盤とさせたところにこの金本位制度の面白さがあり、かつ金というものに自分たちの生活をまかせた当時の人々の勇気と能力は、大いに分析してみるべきものがあると考えるのであるがどうであろうか。

それと同時にこの事実こそ、人間という生物を幾多の生物の中にあって、誠にユニークな生き物とする特性ではなかったのではないだろうか。他の生物にかかる能力がないかどうかはもちろん分からない。したがってユニークという言葉を使うのがここでは妥当であろう。

人類の長い歴史の中で、金というものだけがなぜこのように万人に愛されるものになり、それに絶対的な価値があるということを、このように多数の人間に信じさせ得たのであろうか。金にそれだけ人間をひきつける魅力があったとすれば、それは一体何が故であったのであろうか。

銀という金属や、巨石であるとか、特殊な貝殻などが貨幣という絶対価値物となっていた限定的な地域が、限定的な期間存在したことも人類の歴史は知っている。しかし金なるものを多くの人に絶対的価値があると信じさせ、それが経済の動く折の基本的な法則の根拠とみなし、実際に制度として機能していた時代および地域が（程度の問題ではあるが、その期間や範囲も限定的であったことは他のものと同じである）より広く、より身近なところで存在していたのは事実である。

われわれ人類は、その残滓を現代においてもなお検証できていないという意味で、今まさにこの金本位制度を分析する意義があると思うのである。

まさしく黄金色に輝く金という金属は、重く柔らかく、延性と展性に富み、なおかつこの地球上にあって他の同族の鉱物に比べると酸化しにくく、特にその光輝の美しさが長続きするという点においては他に類がなく、古代エジプトなどの多くの美術品に見るように、すでに数十世紀以前より人が持っていて誇りを感じる資産とみなされ始めていた。

ついで純金が稀にみる貴金属装飾品として、ヨーロッパなどの上流階級、公共施設の装備品として広く採用され、または個人的備蓄資産として保存されてきたのであるが、近代にいたると一般家庭でも高価ではあるが装飾品として手に入れることのできるものとなり、更には歯科用医品、電子工学の進歩に伴い半導体基板の重要部品材料として、新しく貴重な鉱物資源の代表的存在となってきたのである。

金というものが人間の生活に規制をあたえるにいたっては、この金という鉱物の一定期間における生産量及びその生産量の増え方が、ある程度安定的であるということの重要性が認識されたのである。金というものは誰しもが普遍的に無制限に掘り出し、手にできるものではない。

たとえば、金という貴金属が金貨として国内に限ってではあっても一般に流通し、国際貿易の最終的決済手段として、その金貨がそのまま溶解され金塊となって船で大海を渡り、仮に相手の国も金本位制貨幣の流通国であったなら、着地点ですぐさま相手国の金貨に鋳造され、その相手国の輸出業者に渡り、すべての決済が終了する。

先にも述べた流通経済学の理論からすれば、この間に物資を輸入し金の流出を見た国は、それだけ国内に流通していた金すなわち金貨の減少を経験することにより貨幣量は減少、生産に使われていた金も減少し輸入予算も減少したはずであり、貿易収支は以後改善が期待される。一方、相手国では国内信用量が増加したはずであり、物価は上昇に転じ輸出意欲の減退、輸入増加の方向に経済は自然に動いていき、時間がたてば両国の貿易収支は均衡するというわけである。

ただし、経済の自然な動きに神ならぬ人間（すなわちこの制度に関わる国家、主権など）は一切介入せざるべきであるし、このプロセスが進行中は、金という鉱物の価値が一定であり、金自体の自然量が増加ないし減少するような自然現象があってはならないという、二つの極めて厳格な条件が背後にあることは、想像に難くはないであろう。

この二つの条件は、国の内外に最も平和的な安定（国内では常に調和の実現を予告し、国際関係ではその平和的関係維持を約束する）をもたらし、他に例のない本位制度（つまりは金本位制度）の順調な貫徹を担保するために、何が何でも充足されねばならない条件であった。

もう少し詳しく述べるのであれば、第一の条件として、国家は過度な人的な介入を極力避けなければならないということである。

たしかに、現在の国際経済において何を本位と考えるべきかについて国際的な合意がある訳ではないが、国家ないしは中央銀行などの金融調整機関の持つ役割については、次のようなことを銘記する必要がある。

国の通貨発行の権限を与えられ、自己が発行するその通貨価値の不変であることを保証する一般的な中央銀行の義務を、国の意志（主権）が代行することにより価値の不変性を脅かすことは、中央銀行の存在意義を否定することと等しいということである。

過去においては、一通貨単位の価値を一定量の金の価値と結びつける、いわゆる固定平価の考え方についての議論もあろう。

すなわち金というものの絶対価値を、国家というものがその構成員である人々に代わって信認するということであり、中には金というものに絶対的な価値を持たない人がいるかもしれないのを、あたかも全員の総意であるとする国家権力の横暴たる発動と言っても過言ではない。または、もしその国家に中央銀行が含まれるとするならば、重大な中央銀行の義務違反というべきである。

一つの事例として、現在我が国の自民党安倍政権（いわゆるアベノミクスと称される経済政策を打ち出し、二〇一二年一二月より発足した第二次安倍晋三内閣）のもと、ややデフレ気味であった我が国の経済実態を少しばかりインフレの方向に転向を図るため、大幅な金融政策の変更を含む経済加速の政策がとられつつあるが、このような現在進行中の問題をわれわれはどう考えたらよいのであろうか。

中央銀行総裁が、たとえ政府からの要望とはいえ、中央銀行にのみ与えられている信用量の調節権限を利用して、物価の二％上昇を達成させようとしている。それがあたかも国民の総意であるかのように、いや国民の心配をよそに、頑なにその実行を固持しようとすることは、自らの準公務員義務放棄とみなされても仕方ないのではなかろうか。国ないしは中央銀行やその他金融当局が、なるべく自国の為替レートを自国からの輸出を有利にするため、過度に操作するようなことは、国際的に見ても交換の原理から見ても、ルール違反も甚だしいのである。

ついで第二の条件であるが、金という天然資源の持つ絶妙な性格である。溶解温度がはっきりしていること、と同時に他の金属との比較の上でのことではあるが酸化、すなわち劣化しにくいという属性も見落としてはならない。つまり、いずれにおいても金という物質の価値が変化しにくいということが、経済という物と物の価値を交換する原理の中で「信用」を生む基盤となり得たわけである。

しかし、この安定した属性を持つ金という貴金属の自然量については、その属性ほど安定していないのも現状である。近代に入り技術の進歩により、人間はこの地球上の大地の奥深くに眠る金の埋蔵量を正確に知る手がかりを知り始めた経緯がある。ただし、その正確な量は「神のみぞ知る」ところであり、この時から金という絶対価値は不安定な要素をはらむことになる。

しかも、その多くがロシアや中国といった大国が鎮座する広大なユーラシア大陸にある（かもしれない）と言ったら、金・ドル本位制度の執行人であるアメリカは恐怖に近い焦りを覚えたに違いない。

少し脱線が過ぎたようである。話を金本位制度に戻すこととする。歴史の中で金という価値の恩恵を十分に受けてきた人類は、この制度の採用に向かい果敢な挑戦を仕掛けた実績がある。

一八一六年に純金一オンスを三ポンド一七シリング一〇・五ペンスであると制定し、一スターリングポンドに相当するソヴェリン金貨の発行にいたるイギリスの金本位制度がそれである。

結果的にはこの大実験は失敗し、その後の二回に及ぶ世界大戦で一〇〇万の尊い人命を失い、なお今日にいたってもその失敗の経験を活かしていない現代において、金という極めて好都合な天然資源さえ存在すれば、地球上の万物の間に平和でかつ公平な生存を担保する経済的要件がすべてそろうのであろうか。歴史から学ぶのであれば、答は否である。

私はここに人間性豊かな条件、「信用」と「権力」ということについて数ページの記述をしなければならない。

第二次世界大戦直後、即ち一九四五年頃の世界経済は人類の近代史上これほど研究対象が多く、それにもかかわらず、これほど未解決な問題がそのまま残されている時代も少なかろうと思っている。街で言うタイムスリップができるのであれば、まず私がそこに行ってこの原稿を読み返し、更に明日に備え私のメモ帳に書き加えておかなければならないことが山のように存在する。

一九四五年、時はまさしくイギリスから起こった金本位制度がスタートして以来一〇〇年以上が経過し、色々な面で疲弊が見られ始めた時期であった。また第二次世界大戦および太平洋戦争の結果、世界は敗戦国や戦勝国に関係なく、経済力をほとんど失った国とまだ余裕を残した国にはっきりと二分されることになる。

前者には金本位制度の生みの親であるイギリスが含まれており、同じく金本位制度下にあったアメリカは後者の国となった。しかもこのアメリカという国が、唯一全世界の経済力を背負った格好で戦後の国際経済の担い手としてここに登場していた。

わずかここ一五〇年来、急速に存在感を増してきたこのアメリカという国がどうしてこのような実力を整えてきたのか、これ自体人類近代史の重大テーマの一つであることは間違いないところである。

経済的に見ても一九四五年以降のこの国の動向は、われわれ人類の生き方を決する極めて重大な意義を持っていると言えよう。特に、一七七〇年代から一八三〇年代に、いわゆる産業革命を達成して以来、国際経済の面で常に他をリードしてきたヨーロッパの先進諸国、さらに極東において俄かに頭角をあらわしてきた日本が、いずれも世界大戦の戦火にまみれ荒廃し、国としての存立すら危ぶまれる事態に追い込まれた。その中で、一人アメリカという国だけが、これまで蓄えてきた国家的総合力、さらに本国が直接戦闘地域にならなかったという地理的優位性も加わって、特に経済的に比類ない大国になっていた。このアメリカという国の歴史を一瞥すると、いかに短い時間にこれだけの国が出来上がったか改めて驚く他はない。

われわれ日本人にとって切り離すことのできない同盟国であり、世界経済の観点から見てもキーとなるこのアメリカという国について、少し頭の中を整理してみようと思う。

アメリカという国はコロンブスによる新大陸発見以来、力により先住民族を排除し、群集する組織（州）を束ねてきたヨーロッパ人が統治する比較的新しい国家（合衆国）である。力こそが正義という思想が帝国主義的発想から生まれたとしてもおかしくはない。産業革命前までは中世ヨーロッパの文化をそのまま導入する形となり、奴隷制によるプランテーションの一大拠点として、その存在を許されていたわけである。
まず独立戦争によるヨーロッパ支配階級から脱却する。しかし産業革命後はアメリカにも工業を中心とする経済観念が流入し、経済力を蓄えた州がイギリスにはむかうまでに成長を遂げ始める。米英戦争により自国の工業化がより一層進み、経済的な自立を果たすきっかけになったことで、名実ともにヨーロッパからの独立を果たしたと言っても過言ではないであろう。

しかしアメリカ合衆国南部のプランテーションによる農業生産は重要な産業として確立していた。そのためヨーロッパ諸国との自由貿易も盛んに行われていたのである。

一方、北部では先の米英戦争以降、工業生産が盛んに行われヨーロッパと対立する格好で保護貿易を断行していた。その結果として南北戦争が引き起こされるわけである。結果としてエイブラハム・リンカーン率いる北軍が勝利をおさめることになる。

アメリカという国は力（権力）によって自国を統治し、主権を守り、他国の干渉を排除し、ひいては他国への干渉を強めるという国家の方針をこの時、明確に自覚したのかもしれない。あの巨大なリンカーンの像を見るにつけ、アメリカの底力の象徴であると、そう思わずにはいられないのである。

そして、世界をリードしてきた帝国主義全盛のヨーロッパ諸国は、二度の大戦を含む多くの戦火によって国力（経済的な底力）を失ってしまった。

第三章　ＳＤＲについて

私がＩＭＦ職員となった頃、ちょうど世界経済はアメリカを中心とする自由貿易への大きな転換点にあったという事は前述した通りである。その頃、私たちは少なくとも今のような利己的な世界経済主義を目指していたわけではない。物の価値、貨幣の適正平価、全人類の幸福といったテーマにおいて、私の中で（哲学として）燃えるものもあり、多くの優秀な人材に囲まれながら、一つの理想に向かい挑戦をした経緯を書かせていただく。

ワシントンで私が仕事を始めてすぐ、すなわち一九五〇年代の終わりごろから、世界のお金が流れる方向に少しずつ変化が見られ始めた。日本ではすでに「もはや戦後ではない」と言われ出し、東京オリンピック開催の直前ではあったが、東海道にはすでに新幹線の新しい列車が走り出していた時期である。

同じく第二次世界大戦の敗者であった西ドイツの経済的復興も著しく、アメリカとこれらの国々との貿易収支にも未だ顕微鏡的な動きではあったが、日本や西ドイツとの収支において、アメリカの黒字の減少は月を追って現実化し、にわかに赤字を計上する月もでてきていた。

このような変化はＩＭＦに逐一報告があり、私の机の上には〇・〇一％の変化も見落とさないように為替レートを記入するための大きな目盛りの方眼紙がひろげてあった。私が毎朝その表に点を入れていくと、どうも対ドルの点が各国それぞれの通貨との取引において注目すべき変化を認めたのである。言いかえるならば、それぞれの市場において微少かつ徐々にではあるが各国の通貨が、ドルに対し強くなってきている（信用量を増している）ことを意味していた。

円を例にとると、毎朝届いてくる日本銀行からの為替報告で、協定上短期間認められた最上限平価三六〇円より円高の三五九円五〇銭あたりにおさまって、もはや三六〇円を超えて円安になることはほとんど例外的な状況になっていたのである。この状況は東京外国為替市場でドルの供給の方がドルに対する需要よりも強いことを示していた。同じような状況が西ドイツのフランクフルト市場等でも恒常的にみられるようになってきたのである。

明らかに日本や西ドイツといった戦後の経済的困窮から抜け出しつつある国々とアメリカとの経常取引、なかでも貿易取引が逆調になってきていることを意味していた。このような状況が「ワシントンポスト」などに「アメリカの輸出産業が減退してきた、アメリカ以外の国々、特に大戦に大敗した日本や西ドイツの工業生産が復興したことを示す証拠である」との報道もなされたのである。この当時、今のように資本取引が自由化されておれば、この動きはもっと早くもっと鮮明になったであろう。

このように経済における戦後のグローバル・バランスが変化してきたころ、私はＩＭＦヨーロッパ事務所の設立委員になり、ジュネーブ（現在、欧州局欧州事務所はパリに移転している）に転勤となった。そしてジュネーブにてイギリス人であるエドガー・ジョーンズ所長と私、それにスイス人の女性秘書が一人の小さい支部が発足したのである。

ＩＭＦの地域局事務所設立の方は問題なく順調に進んだが、当時（一九六六年）ジュネーブには開発途上国の経済的困難を国際協力により解決するための国連機関である国際連合貿易開発会議（United Nations Conference on Trade and Development：

UNCTAD）の本部があり、ほとんど毎日のようにパレ・デ・ナシオン（Palais des Nations：第二次世界大戦前、国際連合の前身である国際連盟の本部としてジュネーブに建設された壮大な建築物であり、歴史的には満洲事変の審議もここで行われた。現在では国際連合欧州事務所となっており、多くの国連機関が入居している）で会議を行っていた。

私はそこに国連の代表兼オブザーバーとして出席せざるを得ず、毎日その会議で行われた議論の内容、自分の発言内容を当日のうちに所長のジョーンズに見せ、真っ赤に直された英文の最終レポートをニューヨークの国連本部とワシントンのＩＭＦ本部にファックスで送り、この間家に帰り昼食兼夕食を食べ、それから本来の仕事（ヨーロッパ諸国の通貨当局が行っている為替安定策などの調査、ハンガリーやフィンランドといったＩＭＦ未加盟国との接触、ヨーロッパを訪れるコンサルテーションの受け入れ準備など）にとりかかるのである。

せっかくスイスという国に来たのだから、家内や子供たちをどこかに連れて行ってやりたいと思い「今度の週末にでも……」と考えていると、〝日本政府ジュネーブ代表部〟という所から電話があり、「毎度のことで済みませんが、今度の週末、日本から国境視察団の最後の八人がやって来るんです。もし手が空いていたら車で二人ほどシャモニー（Chamonix：モンブランの麓にある標高一〇三六メートルの登山とスキーのリゾート地）に連れていってくださいませんか？　バスじゃ嫌なんだそうです。われわれも困ってしまっていて、しかもその夜はシャモニーで会食があるんです」との依頼があり、日本代表部の困り方に私も根負けしてしまい、家族サービスもままならず、週末のモンブランにはお伴を連れて二年間に二七回も行く羽目になってしまった。

そんなジュネーブでの日々を送っていた一九六七年頃であったか、フリードマン氏に代わってＩＭＦの財務局長になられていたアルトマンという人がワシントンからヨーロッパ事務所に来るという。アルトマン博士はユダヤ人であったが、大戦中は地下に潜ってナチスから逃れ、戦後アメリカに亡命し、その後コロンビア大学で博士号を取得し、三年前ＩＭＦに入行した人物である。どうやらこれまではあまり表舞台には出てこなかった人ではあったが、国際金融の世界では知る人ぞ知る理論家であったようである。その時はまだ何のための来訪であるかは不明だった。

ゴルフ好きで有名だったジョーンズ所長は、「来訪団と一緒にゴルフができるぞ」と喜んでいた。しかし、小さなオフィスで所長不在となれば（上述のとおり最初は赤ペンでほとんど全部直されていた報告書も、今では添削なしに私の原稿をそのまま送れるようになっていたこともあるが）、昼間のすべての事務作業を私一人でやらねばならないことになる。

そうこうしている間に、いよいよアルトマン局長一行がジュネーブに入った。彼は「ゴルフはやらない」と言ってジョーンズ所長をがっかりさせたが、更に私だけと夕食をしたいと言い、彼の泊まっているホテルのロビーで七時に会う約束をしたのである。

七時ちょうどに行ってみると、「いない。やはり……」と思って帰ろうとした時、ロビーの先に続いているダイニングルームの一番奥に、こちらを向いていた彼が手を挙げて私のことを招いているのが見えた。急いでそこへ行くと、「よく来てくれたね。何も心配はいらない。ジョーンズさんがここでいいだろうと言ってくれたんだ」と言い、昼間とは変わりぐっと雄弁になっているアルトマン氏がそこにいた。

その時は、何だか映画の一場面に飛び込んだような気がした私である。彼はすでにワイングラスをかたむけているようであったが、目の前のテーブルには、何日か前の「ジャーナル・ド・ジュネーブ」の金融・経済面が拡げられてあった。この新聞は我が家でも購読しており、たいてい朝の出がけに金融・経済面を一寸は見てくることにしていたので、その紙面には見覚えがあったが、内容までは詳しく覚えていなかった。第一そんな記事がワシントンにまでいっているとは思いもしなかった。

「これはジョーンズさんが送ってくれたのだがね、君は読んでない？」

「……」

「それなら、ここで読んでみるといい。話はそれからだ」とアルトマン氏が言う。

なにくそ〝日本男子がこれしきの物に負けてなるものか〟と自分に言い聞かせ、とにかくその紙面を読んでみた。途中、難しいところは読みとばすことにしたのだが、なんでも〝第二次世界大戦中ナチスの保有していた金塊の調査が行われ、その一部がジュネーブの銀行で発見された〟との内容である。

「ジュネーブに本社のある銀行はいくつあるかね？」とアルトマン氏に聞かれ、急な質問でもあったので僕の返事はしどろもどろであった。その後もいろいろと聞かれたのであるが、

「こりゃだめだ、口頭諮問だな」と感じつつ、早くここから逃げ出したい気持ちにもなった。しかし、いったい何のために私一人を呼び出して、まるで尋問のようにあ

れこれと質問攻めにしたのか、私にはわからなかった。

「とりあえず食事にしよう」とアルトマン氏は言い、大きなスイス・フランの紙幣やらアメリカのドル紙幣がいっぱい入った財布を取り出し、ボーイにスイス紙幣でいくらかチップを払って、流暢なフランス語でメニューを要求した。私は〝ヨーロッパの人はみんな英語もフランス語もドイツ語も上手に話せるものなんだな〟と思いつつ、ボーイの持ってきたメニューから魚料理を選ぶ。

「君のここでの任期はいつまでか？　君はたしか日本銀行からの出向者だったね。IMFのヨーロッパ事務所はもう既に出来上がったし、日本銀行にはいつ帰ることになっているんだね？　ここでUNCTAD（国連貿易開発会議）のことばかりやっていても面白くあるまい」などとアルトマン氏が続ける。

「世界は今ドルの値がどんどん下がっていて、ニューヨークじゃ大変なことになっている。スイス・フランは今日どうなったか知っているかな？」

「既に一・四八フランは超えてます」

「何？　もう少しで一・五フランだ？　おい、君は日本人だろ。ドルがこうも下がってくると、もう少しスイス・フランに換えておく方がいいかな」。IMFの財務局長がよくこんなことを言うものだ。

「昨年だったらな。一ドルでよかったろうが、今じゃ一フランの方がよりましだろう」。ボーイにやるチップの話である。

アルトマン氏は立ち上がった、私はホテルの出口まで送ってくれた博士に、食事の礼を言い別れの挨拶をする。僕も言いたい放題、言うことは言った。

普通ならこれで終わりになるわけだが、博士が最後に「僕のフライトは明日の九時五五分だ。七時半に君のオフィスで会いたい。では、また明日の朝に」。こう言い残して別れたのだった。

アルトマン局長の出張目的も何となくわかったような気がした。私の記憶ではこのオフィスでの勤務において二晩連続の徹夜はあったように思うが、七時前に私の愛車であるフォルクスワーゲンのエンジンに火を入れたのは初めてであった。七時二五分にオフィスに入り、机に座ったのもこの仕事についてから初めてであったと記憶している。一呼吸入れたところでオフィスのドアが開き、ジョーンズ所長と秘書のスイス人女性が出勤してきた。そこへ時間通りにやってきたアルトマン局長も加わり。隣りの会議室へ連れだって移動したのである。

皆それぞれ席に座ると、アルトマン氏が以下のようなことを言い出した。

「今回こちらにお邪魔して、三人の方にいろいろなお話を伺いお世話にもなり、私にとって久しぶりに非常に有益な旅となりました。皆さんがお元気で立派に職責を果たしておられる姿もこの目で拝見できました。間もなくワシントンの本部へ帰り、専務理事にもこのことを報告しておきます」

アルトマン氏は更に続けて、

「今回こちらに伺ったのは、皆さんにいくつかお報せしたいことがあったからです。私が本部を離れる四日前、バカンスに入る直前の理事会で、IMF欧州局のパリへの移転が正式に決まりました。移転の時期は未定です。おそらくジョーンズ氏から何かお聞きしたと思いますが。私がここへ伺う前に、イギリス、フランス、イタリア、西ドイツ、スペインなどなど、ヨーロッパの加盟国すべての大蔵大臣や中央銀行総裁のご意見を伺ってきましたが、IMFがここに支部を出してからIMFと欧州加盟国との連絡や意見の交換が非常にスムースになり、国際協調が一段と進んだと皆さんそう言っていましたよ。それに旧国際連盟のあったこのジュネーブの土地に支部を出されたことは極めてすばらしい決定だった、と異口同音に言っていたことを報告しておきます。

もうこんな時間か、あと三〇分しかないが、これらの意見の上に立って私としてこれから専務理事に提案しようと考えていることを君たちに申し伝えておこうと思います。このことは未だに私個人の考えであって外部には一切話しておりませんので、その点だけはよろしくお願いします。

一つに、現在アメリカ東部のワシントンにあるＩＭＦ本部を西部のサンフランシスコに移すか、もしくは東京に移すこと。

二つに、Hiko（私の朝彦という名前の彦からきているニックネームである）の任期は八月いっぱいだったと思うが、すぐには日本に帰らず、この九月から始める私の新しい仕事を手伝ってもらいたいということ。これについては日本銀行の前川さんには一応内諾をもらっているが、来週本部に来られると聞いているので、その時に今回Hikoと話し合ったことも踏まえ正式に決定することになると思います。

最後に、今本部でも人選をしてもらっていて、大体一五名くらいでやろうと思っていることだが、私が秋からやろうとしているプロジェクトがあります。現在の金・ドル本位には永続性がないことは明らかで、新しい経済基盤となるものをＩＭＦとして提案していこうとするものです。先週パリでジスカール・デスタン氏（元フランス大統領）にお会いして、ますますこれはやり遂げなければいけないという思いに至りました。Hikoも最初は細かい数字の計算ばかりでいやになるかもしれない」

「搭乗開始しました」

秘書が電話をとったらしい、

「では、今度はワシントンで、奥さんにもよろしく」

「Have a nice flight！　車は？」

ジョーンズ氏が言うと、

「タクシーを使う」とアルトマン博士が言うので、

「私が送りましょう」と言うと、ジョーンズ氏もＯＫしてくれたので、私は地下駐車場から愛車のフォルクスワーゲン一六〇〇を急いで持ってくる。空港までは一〇分である。搭乗口で博士は力強く言った。

「私はドルのいらない世界を創る。金やドルに頼らなくて済む本位制度を創ろうと思っているんだ。じゃあ、向こうで待ってるぞ」と言って握手をして別れた。

こうして、アルトマン氏の理想と情熱に共感した私はワシントンに戻りＳＤＲ構想の準備メンバーとなったのである。ワシントンでの私の仕事は当初はほぼ毎日のように世界中の国々の統計数字をひねくり回すのに奔走することであった。アルトマン氏とも何回も会って議論した。しかも最初は主として日本、西ドイツ、イタリアなど前の大戦で敗戦国となった国々の外貨準備額やら戦後復興を示す国内総生産額であるとか、相手国別の輸出額、人口動態、死亡率、国土の山岳地帯の割合など集められる数字はどんなものでもよいから、とにかく集めろとの指示であった。

その当時、既にＳＤＲ（Special Drawing Rights：特別引出権）という概念は知る人ぞ知るものになっていたが、いつからかはっきりと覚えていないがＳＤＲ構想メンバーのリーダーが、なぜかアメリカ財務省の現役の役人になっていたのである。その財務官はアルトマン氏と必ずしも息が合っているとは思えなかった。〝ドルのいらない世界をつくりたい〟と言っていた博士が、どうしてアメリカのしかもドル防衛の中枢機関のほぼ現職の役人を傍の部屋に入れたのか。

いつしかアルトマン氏本人がわれわれの仕事場まで出向いてきて、急遽アメリカの金の埋蔵量を中国のそれと比較した数字の時系列を出してほしいだとか、採掘費を比較してくれなど、変な資料づくりに奔走させられることも幾度か続いたのであった。

「いったい何があったのだろう」と皆が言い出した。われわれの仕事の目的は金本位制度のもとでうまく機能したところ（ＳＤＲを使いたいとする discipline の強化など）を、ペーパーゴールドにより体制補強することではなかったのか。更に言えば、紙による金の如きものを創設し、戦火に紛れた途上国の復興に寄与すべく、等しく分配するのだと思っていたのではあるまいか。

少なくともジュネーブでアルトマン氏と二人きりで話をした時の私の持った印象は、大戦の余波を受けた国々の犠牲に対する世界からの贈り物のように聞こえたし、私自身そうする必要があるとも考えていた。更には〝ドルのいらない制度を創るのだ〟という博士の理想は、彼がかねてから言ってきた〝国際的な通貨というものは一国の金融政策から独立したものでなければならない〟という概念と、同意語であると私自身勝手に解釈していたのだった。

ＩＭＦが創出し何年か先に加盟国に配分されると言われていたこのＳＤＲは、博士が求める理想であり叶えるべき念願でもあったし、国際経済の未来がそこにあると思ったからこそ、彼の助けになるべくその実現のために私はここまで仕事をしてきたのではなかったか。

一九六九年、その年のＩＭＦ総会はワシントンで行われたが日本から来られた日本銀行の前川総裁の世界経済に対する理解力と観念はさすがであった。

「磯部君、大変だったらいつでも日本に帰って来い。ドルはそう簡単になくならないと思うよ、ぼくは」——前川さんの言葉が予言となってしまった。

アメリカ政府のさる高官が某記者に、アルトマンの構想とは全く異なった概念を話したのだった。

〝ＳＤＲはアメリのために創られる〟アメリカの有力メディアは一斉にそう報じた。

〝アメリカの金流出に歯止め〟とも書かれた。

翌日、私はその記事をもってアルトマン氏に会った。アルトマン氏の機嫌は最低であった。しかし私の顔を見た彼は「国際機関というものは、こういうものだ。Hiko、われわれはまた負けてしまったね」。彼がそう言うと手を伸ばして電話を取り上げ、

〝I want to give a call to Mr. Maekawa, Please〟

〝Yes, Mr. Maekawa of the Bank of Japan , Please〟

アルトマン氏がちらりと私の顔を見たので、その時アルトマン氏が前川総裁に何を話したいのかはわからなかったが、先延ばしは出来ないと判断し、丁度よいとうなず

いた。

“Please, right now”

全てが終わった。

私がワシントンで成し遂げようと努めてきた仕事もこの瞬間終わったのである。

アルトマン博士は静かに話し始めた。

「一九六七年頃からフランクフルト、東京そしてニューヨーク、ロンドン市場でドル売りが激しくなって、この分だと途上国のいくつかが外貨準備のうちの平均して八八％のドル（合計約五四億ドル、少なく見ても約二八億ドル）について、アメリカ政府に対し金との交換を要求しそうだ、との某有力メディアの報道を共和党員に見せたら、大騒ぎになってね。ニューヨーク連邦準備銀行が、いざという時は単独ドル買い介入もあるべしと表明し、ＩＭＦの総会でもどんどんドルを買うように仕向けられたんだ……」と、アルトマン氏の話は続いた。

この少し前から、中国には膨大な金の埋蔵量があるとの噂が流れたこともあり、国際社会は金に代わる信用力のある〝ペーパーゴールド〟としてのＳＤＲへの期待を高めていき、ＩＭＦによるＳＤＲの創設の議論がいっそう活発になってきていた。それまで金・ドルを頼りにしてきた経済の立て直しの切り札との期待を背に、一九六九年にＩＭＦがＳＤＲを始動して以来、一六カ国にＳＤＲを配布（発行）していた時代もあった。しかし結局ＳＤＲも理想の等価交換の原理を実現するためのシステムとしては十分機能せず、世界経済は相変わらず為替変動の激しい今でも、世界最大の金の保有量を誇るアメリカのドルに大きく依存している現実に変わりはない。前川総裁の予想は的中したわけであるが、果たして将来、かつてのアルトマン氏のごとく高い理想と固い信念を持って、ＳＤＲに代わって為替相場安定に資する、公平な仕組みの創出にチャレンジする人材は輩出されてくるのであろうか。

第四章　外国為替制度への提言

一九七三年に固定平価制度が廃止され、変動為替制度になったにもかかわらずＩＭＦ体制は存続し、国々が公的には一日に一つしか認めない基準相場のようなものが暗黙のうちに存在する事態がしばらくの間続いた。このような混乱は固定平価時代の為替の感覚がまだ完全に払拭されないまま残っていたことが原因であろうが、変動為替制度により相場が毎日毎時自由に変わってしまうようになり、自国通貨を他国通貨に交換しなければならない人々にとっては、一方において大変な頭痛の種になったり、他方においては価値がこのように上下に変動することで損をする者と得をする者を生み、他に類を見ないほど人々の投機心を掻き立てることになったこともあったに違いない。

この変動為替制度の只中にあって、適正平価が存在するのかという問いをすることは、今だからこそ重要であると認識しているのは私だけではないはずである。さまざまな生産物やサービスの「価値」というものを見極め、〝公平に〟そして〝程々に〟分け合うことが経済の要になると私は信じている。やはり現在の投機的な国際経済の流れに公平性を感じ取ることは決してできないし、このことは皆さんも同意できることであろう。

私自身は後世の世界経済の姿を十分に見納めることはできないかもしれないが、人類が種族間、民族間、国家間、ひいては個人間にあっても互いを理解し合うことの努力を欠かさず、分かち合い補い合う、そんな経済の在り様を望まずにはいられない。

私がこの年になって、ようやく理解し解決の糸口を見出すことが出来たことを、文章として残しておきたいと考える。

まず各国の通貨の価値については、残念ながら将来に向けてもっと深い研究が必要であろうと思われるが、おおよその適正平価を算出することは出来るのではないだろうか。いや、むしろ適正平価を定めることによる公平な経済、流通活動こそが今現代に求められていることだと私は思っている。この先一〇年後、私が夢に描く適正平価算出制度（ないしはそのシステム）が現実のものとなり、私の示唆した数値が現実のものになっていることもあるかもしれない。

一つ提言をしたい。二〇一六年現在の世界経済の状況を勘案するならば、アメリカと日本の間では一ドルは一〇〇円と規定してまず違和感はない。アメリカと中国間に同様な考えを入れれば、一ドルは約一元でよいのではないだろうか。そのように考えていくと、一ドルは約一・七ユーロ、イギリスのポンドが約一・九ポンド、スイス・フランは一フランくらいが妥当と言えるだろう。

相場の変化で、いくら儲けたなどという時代とは、そろそろおさらばしなくてはならない。人類の幸福を真剣に考えるのであれば……(注)。

（注）この提言に関する私の論理構成は未だ十分ではない。ただ、現在の外国為替制度を続けていく限り、かつてスミソニアン博物館やプラザホテルで行われたような大掛かりな国際会議による合意形成に、多大な時間と労力を繰り返し費やさねばならない羽目に陥るのは確実と思われる。私の提言を裏付ける論理構成を明確に描いてくれる新進気鋭のエコノミストの出現を熱望する。

今からお話しする事柄は概ねフィクションであると思って読んでいただきたい。特に、昔の友人にご登場いただくところくらいからは、私自身はっきりとした記憶がないからである。失礼を承知で友人の名前も偽名を使わせていただく。

私はこれまで機会あるごとに通貨当局の方々に、通貨と通貨の間の交換比率ということに関して、比率はおよそで良いので、どのくらいが適当であるかを決定することが非常に重要であると説いてきた。

この適正値に関して、ある程度はっきりとした答えを出さないままにしていることは、今日のようにいろいろな国に住まざるを得ないわれわれ人類にとって、これほど不幸ことはないのではないかと問うてきたのである。これは私本人に対する生涯の問いでもあったし、そのことに答えを出せない自分に対する強烈な自己反省でもあり続けた。

私は約三年前にこの老人ホームに担ぎ込まれて以来、パーキンソン病の進行のためか、あるいは何か新しい脳梗塞のような病気ためかよくわからないのであるが、ベッドの上で窓から入ってくる自然の風景を眺めているだけの生活を暫らく続けざるを得なくなっていた。その間、世界経済は今まで述べてきたような大問題を、未だに解決できず抱えていることを、私自身は暫らく忘れていたのである。

ところがある日、突然に二五年前にロンドンで知り合いそれ以来、文通を欠かしたことのなかった日系イギリス人のハリス氏と、やはり前々から為替の問題で議論してきた我が国には一つしかない為替専門銀行で、〝為替の須山〟と言えば知らない人などいなかったほど活躍をされた須山氏ご本人が、ここつくばまで会いに来てくれたのである。

びっくりもしたし、先方も私が案外にも元気だったことを、本当によろこんでくれたのには心から感激した。

「よう。日本のアダム・スミスよ。いったい、こんなところで何をしてるんだい？」

と、須山さんが声をかけてくれた。

「え！　どうして私がアダム・スミスよ？　それよりも、どうして君たち二人で？」

と聞くと、何といったか覚えていないが、二人が東京の某ホテルの食堂でばったり会ったのだという（そう言えば外国為替のプロが集う世界ＦＯＲＥＸ大会はこの年は日本で開催されるとかいうニュースを聞いたことはあった）。そこで昔話に花を咲かせ、私のことも話題に出たようなのである。

私が日本銀行の欧州駐在参事をしていた頃、そうまさにニクソン・ショック後に襲った第一次通貨危機の真最中、また通貨外交華やかなりし頃に、われわれはまさしくロンドンにいたはずであり、その頃からお互いに面識があったのだろう。

その三年程前になるか、ドイツ（当時はまだ西ドイツだった）の銀行が、地球の公転時差さえ考えていればよかった銀行の送金業務の混乱から、銀行の連鎖倒産すら招きかねない大事件をひきおこした。経済史で言うところのヘルシュタット・リスク（ドイツのヘルシュタット銀行が原因となり、決済資金の不足から起こった銀行の連鎖倒産危機）である。

今ならば誰しもが平気で日常的に使用している光とおなじぐらいの速さでお金を送るＩＣＴ技術を、経済の歴史や原理を学んできたであろう金融人たちが過信したせいもあったのであろう。〝Credit first and then debit：いかに来週入金があることが確定していても、実際出金するのは入金をたしかめてから行うべし〟の大原則をすっかり忘れてしまったかのようなこの事件に直面し、国際的な決済制度の重要性と、そこに内在する巨大なリスクを改めて認識させられた。

そんな時代、上述のような銀行自体の継続が怪しまれるような大事件や、ＩＲＡ（アイルランドのテロリスト・グループ）のシティー爆破予告といった混乱した社会情勢の中、毎晩電気のつけられないような状況で頭を悩ます仕事が山積していたことや、過労のせいか私が目をやられ入院させられたことなど、大変だったあの頃、それぞれ立場は異なったが、同じ時代に同じ場所で乱世を生き抜いた三人の話は尽きなかった。

「本当にいろいろのことがあったね。ところで磯部君、今何かまたお書きのようですね」と須山さんが聞くので、

「実は人生最後の覚悟で、この本を書いているところなんです」と言うと、

「それは素晴らしい。では新しい経済学派の誕生を祝って乾杯しよう!!」と、ハリスが私のため、早々に事務所に外食届を出してくれた。

私も久しぶりに外の空気を吸えたというわけだが、もちろん僅かの時間であり、私の発音が病気のため日本語ですっかり通じなくなってしまっていたので、むしろ二人の話を十分に聞くことができたのであった。

ふと思い出したのであるが、そう言われれば私は日本銀行の支店長をしていた時、ロンドンでこの本と同じ題目で講演を頼まれたことがある。そこで「時代は新しい経済学を求めている。新しいアダム・スミスよ、出てきてくれ!」と言って降壇したことを思い出した。

アダム・スミスと言えば産業革命を生んだイギリス人にとって、その産業革命を経済学的にサポートした学者として経済界の精神的バックボーンであることを知っていたので、イギリス人の鋭気を鼓舞するつもりでそう言ったのであったが、どうもその時の私の講演が珍しく好評であったようで、〝新しいアダム・スミスが日本に生まれたらしい〟とか、〝日本のアダム・スミスが日本銀行にいるらしいぞ〟などといった噂(もちろんシティー独特の皮肉たっぷりの噂である)が、金融街に流れているとかいう恐ろしい話も聞いた。

やはり年は取りたくはないものである。

かつては外国人の為替専門業者も彼の意見を重用したという〝為替の須山〟さんも、一〇年程前に、日本の為替専門銀行が他の大銀行と合併したのと時を同じくして六〇歳の定年を迎えられ、今は一人、普通の老人として時々ご自分の家のある八王子の周囲に広がる田園風景を見ながら散歩などをされ、老後を楽しんでおられるというのだが、「実はこんなことがあったのよ」と言ってわれわれを大いに笑わせた。

ある日の午後、いつものように散歩にでかけたのだが、その日は街の方に向かい二〇分ほど行った所にある某銀行の支店に立ち寄ったそうである。このときのエピソードが実に面白い。

「ぼくのアメリカに行っている娘が病気をしてね、お医者さんにお金を七〇〇ドルほど送りたいのだがね」と窓口の若者に話しかけた。この須山爺さんは昔のことなどは一切、口に出さない。

「お爺さんの娘さんは、もうかなり長いのですか？」

「そうですね、もう二〇年ぐらいになるかな。ところでお金は送れますか？」

「今日すぐって訳にはいきませんね。東京の本部からレートをもらってからですから、明日になりますが」

「もちろんいいですが、明日なら一ドルの手数料を入れて、大体いくらぐらいになりますかな？」と聞くと、

「いま、どんどん円安になっていますから、今日よりも一万四四〇〇円ほど余計にお支払いいただくことになるかもしれません」

「へー！　さっきニュースを聞いていたら、ドルはそこまでこんなに高くなっていなかったようだったがね。都心の他の銀行に行ったら、もっと安いかな？」

須山爺さん、だんだん化けの皮がはがれそうになるのを必死にこらえた。いつもな

ら何でもない話題を二言三言交わして帰ってきてしまうのだが、今日の窓口の若い男性銀行員である男が何となくおもしろそうだったので、爺さんはもう一言、

「昔だったら、役所に行ってお墨付きをもらってから、さらに三六〇円も払ったんだからね」と言うと、その青年はあきらかに顔を引きしめて、

「え！　ところで、お爺さんはその頃、金融関係のお仕事をやっていたんですか？」

と、にわかに警戒感をあらわにし出したので、

「いや、こっちの話さ」と言って逃げ、

「それじゃ、また明日くるからね」と言ってその場は引き上げた。

「そのあくる日さ」と須山爺さんは続けた。

「どんなことがあったのさ？」

今までニヤニヤしていたハリスが聞いた。

「まるで、為替か国際収支の講義みたいになっちゃってね」

「そこが聞きたいな」と私も言うと、

「ここからは、さっき磯部君が言っていた話、ということになってさ」と言う。

「つまりは、アダム・スミス、金、ドルときて、更にはユーロから結局はＳＤＲの

話になってさ。そこから人工知能、つまりコンピューターの話にまでなったんだ。コンピューターの話になったら支店長本人まで出てきてね。とうとう奥の部屋に連れ込まれて、ぼくの職歴までばらされて、ひどい目にあわされたんだよ」

「それで、その先はどうなったの？」と聞いたら、次のような結論であったという。

以下はすべて須山さんの某有名為替銀行退任後に経験した人生訓でもあるので、とても参考になることが多い。

彼は二〇〇〇年という継ぎ目の年に、自宅から自分の車で二〇分程のところにある有名カメラ会社の下請け的企業の輸出部長として、第二の人生を踏み出した。

転出先の候補には大企業もあったのだが、彼はあえてこの年商約一九〇億円の、常勤職員僅か四〇人足らずの企業を選んだ。これについてはいろいろ事情があったのだろう。本人はこの小さな会社の社長とは幼馴染みの縁があった。入社時には社長が涙を流して喜んだという。

ところが須山さんが転職してから、何とこの会社の業績は良くなるどころか逆に一方的に悪化していってしまったのである。この会社はデジタルカメラが将来は主流になると言われ出していたにもかかわらず、頑として従来のフィルム方式のカメラに固執し、しかも、これに関しては須山さんが既に友人として社長に何回となく諫言してきたのだが、会社の方針が変わる事はなかったそうだ。

この会社は、その製品の大半をアメリカのK社とP社だけに輸出している企業である。内容を見ると、なんと年間、多い時には二〇〇億ドルの売り上げにもなる小さな鋳物製歯車とかバネなどを（しかも歯車一〇〇セットを何千ドル単位でやりとりするらしい）、ドル建て契約でここ数十年やってきた会社なのである。

それでもたまに何十億円もの儲けが出たときには、社員に一人当たり数百万円の特別ボーナスを出すとか、要するに古い日本の輸出産業の典型例ここにありき、という会社であり、須山さんもまだそんな会社が存在するのを自分の目で見てみたいと思う反面、幼馴染の社長のためにも、ごっそり業務改革をして企業体質を変えてみようという気持ちもあったらしい。

とにかく彼が輸出部長の席に座った日の、円・ドルのレートが一一六円であり、「これ以上円が安くなることはないでしょう」と彼が言えば、社長以下、誰でもそう考えても仕方はなかった。だから〝今もっているドル建ての売掛金は全部円にしてしまえ〟ということになっても仕方あるまい。

世の中は意地の悪いものだ。その直前にタイの通貨急落を皮切りにインドネシア、韓国などのアジア諸国に波及し、各国の通貨暴落によって引き起こされた金融危機(世で言う〝アジア通貨危機〟)があって、比較的安全だと思われていた日本の円に入っていた短期のマネーが日本から出だしていて、うっかりしていた新輸出部長の目の前で次の日は一二九円、その次の日には一三四円にまで円安となったではないか。

新聞などでは、〝円安止まらず。政府高官は、これこそ日本の経済の実態。レートは適正レートに近づく〟だの、〝日本の株式市場連日の外人売りで、さらに低迷(アジア地域での事業収益悪化に伴う日本企業の株価下落)か〟などと書き立てる。

とにかく今日までにドルの売掛を売ってしまうか明日にするかで何億円かの機会損失が出るとなると経理部が黙ってはいない。今度来た為替の神様は何だということになる。須山さんも昔の為替の友達にいろいろ電話で聞いてみた。

「どうにもならないさ。それよりもアメリカとの取引などやめちまえよ。ま、円建てか何かにするんだな」

須山さんもそんなことができていれば、今のような状況になっていないぐらいのことは知っている。

そこで考えたという。昔、磯部という人が言っていたな。〝通貨で投機がしたいって人は、競馬でお金儲けを考えて掛け金が何倍になるかに一喜一憂している人のように、通貨自体の投機（価値交換に時間を要しない株の売買か無駄遣いのようなもの）をしたければ、そういうことをしたい者だけで市場を作ればよいのだ〟と。

〝私はこれから競馬に行くからと言って自己申告し、競馬用のレートでお互いに好きなだけ取引をすればよいのであって、そのように大半株取引の中で形成されるようなレートで、生産に時間のかかる物資の輸出まで管理しようとすること自体が無理なんです。いつまでも固定相場で輸出できていた時代のような訳にはいきませんけれどもね〟と。

「かつて磯部さんがフィンランドかどこかへＩＭＦからご出張になった折、固定平価時代のことだったでしょうか、単一平価を守るために為替管理を徹底的にやろうとして、ベルギーだかどこだったかが管理官を増員したら、政府の人件費がパンクしてしまったというお話をされていましたね」

「へー、よくそんなことを覚えていますね」と言うと、

「実はその時の答えがようやくわかったんです」と須山さんが言った。

「それは大発見ですね！」と私がやや興奮して言うと、彼は言った。

「五〇年前ニクソン・ショックの時代には、各国の通貨間の適正平価を算出するようなことをやってのける術を誰も想像する事すら出来なかったということです。しかし、その解決のカギは、今や汎用化されて久しいコンピューターにあったんです！　アダム・スミスの頃は交換の原理は神頼みだったものが、普遍的な輝きを放つ金というものに価値を見いだし、世界大戦という大犠牲を払った末に米ドルにすがった時代もありましたが、いずれも適正平価はどこにあるか誰にも分からなかった。恐らくそれをやってくれるのは、膨大な数字を分類し、大量のデータを記憶し、それらの中から必要なものを即刻選び出し、それを特別のケースに適用すること、多くの数値の平均を出し、比較することなどを人間以上に得意とするコンピューター以外にないでしょう。最近注目を集めている〝ビッグ・データ〟とか〝クラウド・コンピューティング〟といった先端技術を活用した高度な情報システムが、人類の平等と平和にこれほど貢献できる分野も他にはないと言えるのではないでしょうか」

　私はそのあたりまでは一生懸命に聞いていたのだが、いつの間にか自分の部屋のベッドに横になっていたのである。私は夢を見ていたようである。そしてパッと目を開け叫んでいた。

「須山君は?」とあまりにも大きな声で聞いたものだから、静かにテレビを見ていた妻の啓子はびっくりしたらしい。

「もうとっくにお帰りになりましたよ。あなたはお疲れのようでしたから」

「ああ! やはり要素は時間だったのだ。時間、時間! そして平均生活費用の比較、すなわち、交換の理論の最初の基本原則、〝人はどこの国に生まれようとすべて平等であり、平等の生活水準で生活できる権利を有する〟ということは、やはり公理だったんだ!」

何を突然大声で言いだしたのだろうか。啓子は「いよいよ来たか」と思い、看護師を呼ぶべくコールボタンの方に手を伸ばしたと言う。私は喚いていた。自分が何を言っているかは、はっきり覚えている。

「人間は自分がどこに生れ出るか予め全く知らないでこの世に生を授かる。その時はもちろん誰しもが平等である。そのあと人は自分なりの価値観を持って、いろいろの国に住むようになる。その時、それぞれの国がどのような通貨を使っているかにはかかわらず、やはり人間は平等な生存の権利を有するのだ」

仮に一人の平均的な人間が一週間普通に生活するのに、たとえば日本で一万円、アメリカで大体同じぐらいの生活をするのにかかる費用が一〇〇ドルだとすれば、基本的に両国の平価の比率は一対一〇〇。すなわち通貨概念を加味すれば一ドル一〇〇円がほぼ適正平価というべきものになるであろう。

次に、平価と時間との問題である。通貨というものの性格上、他の国の通貨に転換されている時間が長ければ長いほど通貨としての社会に対する貢献度は高く、転換されている時間が短ければ短いほど通貨としてその発行国から見れば発行費が割高になるのもやむを得ないことになる。

なぜか？　通貨というものは発行国以外の国では原則使えないものである。各国中央銀行には自分の発行する通貨が他国の購買力となることは金融政策上マイナスと思われるであろう。ただし、これはあくまでも一般論であって極めて短期間に、例えば一週間という極めて短い間に、未だ資本市場の未整備な途に転換されている間に、株式市場において多額の株式時間差売買を行うことで多額の収益をえてすぐ元の通貨に転換され戻ってくる、いわゆる短期資本のマネー取引が、為替相場に与える悪影響が問題になっている。この問題はきわめて複雑であろう。

それではここで、私が設計するコンピューターを使って（もちろん未来の構想システムである）、須山さんの七〇〇ドル送金を終えてもらおう。

時は今から一〇年後の二〇二六年四月、須山さんは都心に出かけた折、ある銀行のＡＴＭが並ぶ自動機窓口を訪れた。〝外国送金〟と書いてあるタッチスクリーン画面の案内に従ってシステムに入っていくと、〝外国にお金を送りたい方は、以下の必要項目を入力して、表示される金額の日本円の現金を投入されるか、引き落とし口座を指定して暫くお待ちください〟とメッセージが出てくる。次の画面には〝本日の通貨別用途別の相場は大体次のようになっております。すべて相場は基本的に一円につき一外貨単位ですが、外貨の送金目的によって多少の差がございます。また、お申し込みになった取引の事前審査はありませんが、万一後刻法令違反（外貨使用の目的に著しい虚偽申告など）が発見されますと罰金をお支払いいただくことがございます。詳しくは店内の職員にご質問ください。もう暫くお待ちください〟とのメッセージが続く。

そのあとには、〝一ドル一〇〇円〟、〝一ポンド一七〇円〟、〝一ユーロ一九〇円〟と表記されていた。何せ初めてのことなので操作方法に自信が持てなかったので傍らに控えていた銀行の案内係に、須山さんは勉強のため勇気を出して聞いてみた。

「私はこのような機械を使うのは初めてなんですが、ここはこれでよいのでしょうか?」と聞いてみると、人のよさそうなその男は須山さんの画面を見て、

「お爺さんは個人のアメリカ向けで、ドルという所にチェックされていますね」

それからずうっと下の方まで見てくれた。

「ただ、いちばん最後のお名前をお書きになっている下、ご住所の、そうそう、そこにご本人確認のためご自分の、何でもよいのですが、パスポートの番号でも免許証の番号でもマイナンバーでも、それから、ここにご生年月日をお書きになっておけば完璧ですよ。今日でしたら送金でこのご金額の現金をお入れになると、必要に応じてお釣りと一緒に送金済みの処理伝票が出てきますよ」と、きわめて親切に教えてくれた。

もちろん銀行に直接出向かなくても、自宅のパソコンや持ち歩いているスマートフォン等からも、高度のセキュリティで守られているネットバンキングのアプリケーションを使って同様の送金が可能である。

読者は既にご賢察の通り、いずれの画面にも取引の目的として国際収支表にある項

目（経常取引と資本取引とに大別されてる）に自分でチェックを入れることにより、まずそれぞれの為替レートを画面に取り出させ、それぞれの為替相場を当てはめて送金の受け取りをシステムの中で自動的に行うものであり、為替レートは取引の内容に応じてすべて異なったレートとなるようにあらかじめ設定されている。従って、生産に一年かかる物資の輸出に資本取引によって大きく乱高下するような為替相場が適用されるようなことは起こらず、生産者の長期生産計画も安心して作ることが出来よう。

ただし、これは相場の複数化を否とし単独相場を是とした当初のＩＭＦの理念に反することも事実である。しかし時代は日進月歩で新しくなっている。世界は新しい国際金融制度を望んでいる。それはいったいどのような制度か？　世界中を多くなったり少なくなったりする資金が自由にとびまわる制度ではなく、複数種類の相場が多くの種類の物資なり、サービスなり、投資の為の資金なり、投機の為の資金も、それぞれにあった相場で自由に送ったり、送られたり出来る制度である。世界はこのようなことが出来る（可能にする）ＩＭＦの変身を望んでいるのである。

少しブレイクといこう。最近のニューヨークはどうなっているか、先日見に行った須山さんからの報告をここに記すこととする。

彼がその昔働いていたウォール街に行ってみたのだという。その際、昔の顧客に出会ったときのことである。その人の名は仮にBさんとしておこう。Bさんはユダヤ系の大金持ちで、テキサス州のシェールオイル油田の約四割をもっているという有名な人だった。風の便りで彼が一七、八年前、ちょうど例のアジア通貨危機があったといわれた頃、いくつかのアジアの国々の通貨の売買で巨万の富をさらに六だか七倍にしたらしいということは聞いていたが、ちょうど須山さんがニューヨークにおける為替システムがどのように使われているか見に、ある銀行へ行ったとき、偶然にもその場で何年ぶりかに出くわしたとのことである。

その時須山さんは手持ちの一万円札をドルに変えるためにその銀行窓口にいたのであるが、向こうから急に若い女の子を数人従えたBさんの声がして、そのあたりがパッと明るく賑やかになったので、とてもびっくりしたそうである。入口の方を見ると、Bさんがいつのまにか近づいていていて、最大限の愛嬌を周囲にふりまきつつあった。

見るとBさんは今や全米はおろか全世界に普及した、一時のものより小さくて軽くなったタブレット型パソコンを持っているではないか。こんな良い機会はないのでと思った須山さんも急いでそこへ行くと、例のアメリカ的な調子で覚えてもいなのに須山さんにハグをし、"Hi, my boy! How are you?" と言い、こちらから聞いてもいないのに、こんなことを言ってすぐに若い子を両脇に従えたまま出ていってしまったそうである。

「中国だか日本だかの頭の良い人々がこんなものを作りやがったから、私などは儲けられなくなっちゃったよ。今度もルピーでうんと儲けてやろうと思っていたんだがな」

今ではたしかにルピーの証券レートは、現在では大体他の通貨についても同じになっているはずであるが、ルピーの証券を短期間（七日以内）にかぎり売買するもののみが使える仮想為替市場が為替コンピューター内部で作りあげる相場でのみ取引できるので、投機としての対象物としての魅力は以前にくらべれば著しく小さいはずである。しかしＩＭＦが元来目標とした通貨価値の安定とは、このようなものであったはずである。

須山さんの話が決して戯言でないことを証明するために、ここで少し得意の脱線をし、着実な進歩を続けるＩＣＴが、いま新たな時代を切り開きつつあるという話をしたい。シリコン・チップ上に組み込まれるトランジスタの数が、毎年倍々ゲームで増えて高性能化するという有名な「ムーアの法則」によるコンピューターの高速化は、そろそろ限界に達すると言われ始めて久しいが、ここへきてＩＣＴの方向性は大きく変化した。個々のハードウェアの高性能化に加え、ネットワークで多くのリソースをつなぎ、処理の分散やデータの共有をすることで、システム全体の性能を飛躍的に向上させることが実務レベルで可能になってきたのである。

黎明期に「ユビキタス情報社会」と呼ばれていた、いつでも、どこでも、誰でも参加できるネットワーク社会が、インターネット、スマートフォン、デジタルカメラ、各種センサー等の新しい技術の普及により現実のものとなってきたのだ。

中でも注目に値するのは、ビッグ・データと呼ばれるＩＣＴの新たな活用方法である。多様なデジタル機器の普及に伴い、現場からの生データの収集力が飛躍的に高まったおかげで、活用できるデータの量、種類、頻度が圧倒的に多くなったのである。文章、画像、音声……、何でもデータとして収集し、分類し、分析し、整理し、発信することが可能となった。

情報システムの歴史は企業内でクローズされたものから始まり、広く企業や個人の参加者をつなぐオープン・システムへ、さらには自分で高価な情報機器や専門的なソフトウェアを購入する必要がないクラウド・サービスへと発展し、いまでは企業ではなく個人が主役となって、誰でも簡単に利用できるソーシャル・ネットワークも普及した。専門家の知識を素人でも簡単に活用できる時代になってきたのである。

既に身近で実用化されつつあるビッグ・データやクラウド・サービスのわかり易い事例をあげるとすれば、天気予報や渋滞予想がある。膨大な気象データを集め、分析し、インターネットを通じて細かい地域ごと、時間帯ごとに天気予報を出したり、長期予報を出したりするシステムは、世界的に懸念が広まる地球温暖化による異常気象への対応で、大きく社会に貢献している。また、車や道路に取り付けたカーナビ、センサー、カメラ等から無数の車の位置データを収集し、道路ごと、時間帯ごとの渋滞予想や、帰省ラッシュ・Uターンラッシュのピーク予想を出すシステムは、ネット社会のボトルネックになると懸念された物流効率の向上に大いに役立つ。

こういったシステムの応用範囲は、今後ますます拡大することは確実である。当初、こうした動きは、インターネットを使った受発注システムやネット・バンキングに代表される「モノを伴わない第三次産業」のデータ中心に開発されてきたが、データを収集する技術や、専門家の英知をコンピュータに埋め込むＡＩ（Artificial Intelligence：人工知能）の発展に伴い、「あらゆるモノ」にまでデータを発信する機能を付加して管理することができるようになってきたのである。これが、いわゆるＩｏＴ（Intenet of Things）であり、応用範囲は第二次、第一次産業にまで拡大し始めている。機械の稼働状況や農産物の収穫状況のリアルタイム把握なども可能な時代になったのである。

技術革新はさらに進み、量子コンピューターなるものも実用化されつつある。これは、一ビットの情報量をゼロか一かに割り切るしかない従来のデジタル・コンピューターと違い、キュービットと呼ばれる一つの器にゼロと一の両方を好きな割合で保持することが出来るコンピューター、まさに〝ゆらぎ〟を計算に入れることが出来るコンピューター、可能性を計算することのできるコンピューターといったらよいか。変化と可能性の連続である現代の世界経済の「適正」を算出するのにもってこいかもしれない。現存のスーパー・コンピューターで千年以上かかる計算を数時間でこなすことも理論上、可能であるという。

こうしたＩＣＴの発展は、経済や金融の分野でも、一昔前には突拍子もないことと思われたことを現実のものにしていくだろう。例えば外国為替の分野でも、その時の生産地の気候や生産者の体調までを計算式に反映して、あらゆる分野別の、あらゆる通貨について、適正な相場を誰にも文句の言えないルールで弾き出すことができるようになる。そうなれば、私の持論である、モノの生産と貿易に適した長期の実物経済用の為替レートと、短期の投機的売買に用いる為替レートを分離し、結果として為替相場全体の、ひいては世界経済の安定に資するはずである。こういうものがもっと前から存在していれば、ＩＭＦが元来目標としていた通貨価値の安定が、早くから実現できていたかもしれない。

第五章　幸福論と経済哲学

前述のとおり本書が生まれたのは、先人の残してくれた図書が完備された大学などの学窓からではなく、一つしか開いていない窓から、寒風にさらされ葉を落とした数本の栗の木が見えるだけの私の老人ホームの個室からである。

そのため、論文には普通付随されるべき多くの引用ないしは参考にした文献および、それらの著者名の一覧表などがあるわけだが、本篇には十分な資料の情報は付けられていない。その意味では、かかる論文を公表する意味はないとされる方もおられるかも知れない。もちろん、その様なご批判はあろうかと考えており、覚悟の上のことである。

さて、先に述べた通り人類は金という一鉱物を流通経済の〝本位〟とし、物（生産物）の価値基準として金（貨幣）を据えたわけである。その時、そもそもわれわれにとって〝物の価値とは何か?〟という普遍的な問いが生まれるわけであるが、金本位制度を語る上でも、この「価値」についての考察は非常に重要であり、この章でいくつかの方向性から「価値」についての考察を展開してみたいと思う。

「およそこの世の中に全く価値のないものなどない」という考え方があるとする。私の考える経済哲学では〝物の価値とは何か?〟という問いに対して答を出さないいま、如何に議論を進めても、それではどうしても物事が完結しないということに、人生の最後に来てようやく気づくことができたのである。

すべての出発点となるであろう、この重要な事項について、まず明確をきすために「価値」を次のように定義することから始めたいと思う。

「価値」とは「人間にとって人間自ら作り出すことの出来るものであり、空気、太陽光、海浜の砂など自然にそのまま存在するものは、この論文に記載される場合は価値あるものとは認めない」としたい。

たとえば、宇宙空間にあって人間の生命を維持するために空気というものは絶対的に価値のあるものであろう。その場合は、人間が自らその空気を自己の肺に吸収するために何らかの人的加工を施しているはずであり、そこには何らかの人間労働が費やされていると考えるならば、宇宙空間にて空気というものに価値を持たせるものは、実は空気という物質そのものではなく、空気を必要とする人間がそれを吸収可能とする労働にこそ価値がある、とするのが私の考え方である。

このことは何についても言えることであり、およそ人間が何らかの労力をもって生み出したものでない限り、物に価値は生じないとする私の見解に矛盾はないはずである。

上記の例えに関してもっと限局して言うならば、脳の質量から言って霊長類などはまだしも、アリやバッタといった小動物は呼吸するために必要不可欠な空気にどれだけの価値を認めているだろうか。

彼らにとっての一生は、生まれ、呼吸し、子孫を残し、死んでいく、種を維持するためのサイクルが全てであり、生涯の中で空気があるからわれわれは生きられるのだなどと、いちいち考えてはいないはずである。

ましてや植物などは、自らの生命活動のために酸素を消費すると同時に、養分を生成するために二酸化炭素を利用し、副産物として酸素を大気中に放出するのである。細胞内だけで物質交換を完結させてもいいようなものであるが、大気を介し呼吸と光合成という生命活動を緻密に行っているのである。何とも複雑なシステムではあるが、ごく自然な考えとして、そこに植物の意思は介在しないと見ていい。

生き物たちにとって空気とは、あくまで生命活動を維持するためのプロセスで利用せざるを得ない単なる一物質に過ぎないということである。

つまり人間のみが、その膨大な回路を有する脳により思考された範囲において、「価値」というものを生み出していることに他ならないと考えるのであるがいかがであろう。逆に言えば、何かに「価値」を見出した瞬間から、われわれはホモ・サピエンスとして進化の過程の第一歩を踏み出したのかもしれない。

ではまず、われわれの生誕や認識の発生に関して現代の自然科学が絶対にたしかであると保証しうる事柄と、しえない事柄とを挙げることから、人間が有する「価値観」について紐解いていくこととする。

人間は自己の生誕以前に、自分の両親を選択することができないのは言うまでもないが、どのような時代にどのような場所にどのような生活環境の中に生れ出るかなどについて全く知ることができない。まして生誕時などの細かい諸条件についてそれらを自らの意思により選択する自由は全く持っていない。この当たりまえではあってもかなり重大な事実について、その意味するところをじっくりと考えた人は少ないのではないか。

人間はこの地球上に生誕する他の多くの哺乳類と同様、一個体として一個の母体から生まれ出るが、一旦かくして一個体として独自の肺（頭脳）活動を開始するや、自己の体外からの情報の自動的移入は一切停止されてしまうのである。そして独自の価値観、独自の判断で生活を開始するのは数年後からであると言われているが、この点については個体差もあり、かつ現代科学をもってしてもこの間の詳細な状況はいまだ解明されていないことが多い。

このように何らかの独自の価値観を持つことが、人間を他の哺乳類に限らず地球上の他のあらゆる生物にない知性というものを備えさせ、人間を霊長類の中で最も知的に進化させた生き物であるとするのが、現在のところ一般的に支持されている説のようである。いずれにせよ、生物学的に言えば、いま地球上に棲むすべての生き物は、それぞれの進化の系統樹の末端に位置する成功者であることに間違いはないが。

しかし私自身は、われわれ人類が生態系の頂点に位置する最も優れた生き物であるという点について、肯定も否定も出来ない。そうであるかも、そうでないかも知れない。人間とその他の生物の間に共通の言語が存在しない現在では、どちらが正しいか科学的に証明することは不可能であるからである。

ただしこの場合、共通言語の存在が人間を霊長類の最たる者とするための絶対的唯一の条件ではないとも思うのである。人間は、いかに共通言語のある集団の中にあっても個として生誕すれば、たとえ親兄弟に対してですら、自分の考えを自分の言語で正確に伝える機能を失うのであり、まして自分の所属する集団内の他人、さらには外界の他人と共通する価値観を共有することは、原理的には絶対に不可能であると思われるのである。

もし以上のことが正しいとするならば、われわれ人間はこの世に生まれ出てから死にいたるまでの間、他人とは絶対共有することのない極めて独立した自分だけにしか理解できない価値論を持っていると言わざるを得ないだろう。私はそれを本編において「絶対価値」と呼ぶこととする。それに対し、自分以外の人のそれぞれが持っている自分たちにとって一番価値あるものとは何かという問いに対する答えを「相対価値」と呼ぶこととする。

仮に「価値」というものをこのように定義すると、絶対価値だけでも地球上のいわゆる自己決定意思を有する成人の数、つまり何十億種の「価値」が存在することになる。それらの中で、どの価値が絶対中の絶対であるかというと、現代数学の定理通りに解釈すれば、これは相対的ということになる。皆さんもお分かりになったろうか。決論的に言うならば、絶対価値を有する個が無数に存在する限り、この世に唯一無二の絶対的な価値というものなどは、いっさい存在しないということになる。

このことはわれわれの常識にも一致するものである。たとえば「幸福」についても同じことが言えるであろう。自分が「幸福」であると思う時の感じは、おそらく他人のその感じとは全く同じではないと思うのが一般的ではないだろうか。

人間であれば自分が「幸福」であることを本能として絶対的に欲するはずであり、個々がそれぞれの価値観の上に「幸福」を感じ、他人もそれを「彼なりの幸せ」として許容しているのも事実であるが、「絶対的な幸福とは？」と問われれば、幸せの定義はどこまで行っても相対的であり、集団の中に幸せの絶対価値を見出すことは困難なのである。

つまりは、人間の幸せとは常に「他（集団、組織、社会など）」との関係性の中にあって相対的に決定されていくものであると定義できる。人はいつだって「個」対

「他」、「絶対」と「相対」の狭間で、時には揺らぎ、時には苦悩しながら価値観をすり合わせているのである。

私の考える経済哲学とは、この〝個対他〟であるとか、〝絶対と相対〟といった、相反するものを如何に調和させ、物やお金が飛び交う社会の中で如何に公平に分配し、平等に価値を分かち合うかということに主眼を置いているのである。

ここで学問としての経済学に少し目を向けてみることとしよう。今日の学問を自然科学（Natural Science）と社会科学（Social Science）の二つの系統に分ける考え方がある。現在ではそのような考え方はあまり一般的ではないのかも知れないが、少なくとも先の世界大戦の直後、私が大学で勉強していた時代には、日本においてもそのような考え方があったことは事実であると認識している。

物理学、化学、生物学などが前者に属するのは誰しも理解し納得するところである。一方、歴史学、文学、哲学、法律学、経済学、経営学、会計学などについては、果たして科学と言いうる学問分野にまとめ上げることが可能かどうか、これらの学問を科学として認識することの合理性については、未だ議論のあるところであろう（私には数学であるとか論理学など、どちらとも言えない分野があると思えてならないのであるが）。

「science」＝「科学」という呼称は、第二次世界大戦に敗戦した我が国にとって、大戦中に敵対した、いわゆるヨーロッパおよびアメリカの科学優先思想を偶々日本の学界が終戦直後に模倣して採用した呼称に過ぎなかったのかもしれない。

しかし、いずれにせよここで言われた自然科学が、総じて将来の資源の確保という人類の生存にとって絶対に必要であり、しかも比較的わかりやすい使命を帯びている一方、社会科学と呼ばれる学問分野の方は、〝個対他〟であるとか〝人間にとっての幸福とはなにか〟などという、万人共通ではあっても抽象的で極めてわかりにくい問題の解決をまず計らねばならず、そのために領域を超えた努力がますます必要になってくる分野であろう。否、こんなことを言ったら自然科学者に怒られるかも知れない。いずれの学問も終局的には同じ目標をもっているはずであるからである。

では更に、私にとって哲学の一つであるとしか考えられない経済学が社会科学のどの辺に位置しうるかという問題に考察を加えていきたい。

なぜ経済学は科学的なものでなければいけないのかという点であるが、それは経済学というものは人間社会にとっては、必然的にその時々の権力者の政策達成手段の中に組み入れられやすいものである以上、そのような時どきに万人の論理思考にとって理解しやすいものである必要があるからだと認識している。

現在の世界経済の姿を端的に表現すのであれば、〝一八世紀後半からの自由主義、資本主義、利益主義（アメリカがその先導者と言える）を主体とする経済原理〟と言えばもっともらしいが、秒ごとに変化するパソコン画面の数字に一喜一憂し、誰が得をして誰が損をしたかが、現在の経済の主眼となってはいないだろうか。

次に、経済学というものが社会科学の一分野として人間の「幸福」達成にどう貢献できるか考えてみたいと思う。この人間の幸福と向き合う点は、私が考える中でも非常に重要な要素であり、私の哲学そのものなのである。

今の世の中（世界経済）を簡単に表現するならば、〝人類の幸福〟などとは程遠く、利益主義が暴走し、腹を空かせ歯止めのきかなくなった猛獣と同じように思えるのである。今の経済社会は人類（ひいては地球の未来）の幸せなどこれっぽっちも考えていやしない、まさに〝他という相対〟を忘れ、〝個という絶対〟的な幸福のみを追求する時代になってしまっている。

私が経験し血や肉としてきた経済学は、今の時代に経済を学ぶ若者にとっては既に歴史経済学の分野に追いやられているのかもしれないが、私が今ここで構成しようと考えている、福祉、厚生、衛生、生存、幸福、と言ったキーワードと結びつく経済学というものを、新たな学問として世に打って出るエコノミストを切望する。

私の哲学でもある〝人類の幸福や未来〟に経済学という一つの哲学が、どれほど密接に影響するものか、そろそろ社会全体で認識すべき時が来ているように感じる。

第六章　〝出でよ！　現代のアダム・スミス〟

いよいよ最終章である。私の哲学の一端をここに表現してみようと思う。

人間は自分一人では生きられない。われわれもそのような人間の一人に他ならない。そもそもわれわれは「自分」にしかわからない、他人のそれらとはまったく同じであるとは考えられない「自分」なりの考え方、ないしは価値観をもって「他人」というもの、あるいはその様な「他人」が集まった集団の中に生まれ出てくる。

この時点から「自分」対「他人」という問題はその人間が男女のいずれか、皮膚や髪、目などの色の違い、その他どこでどのような社会に生まれ出たかなどの条件には関わりなく、いかなる人間にも生涯を通じ共通した宿命的問題となり得る。

いったん生誕すると、人間というものは最初のうちは親などの世話によることになろうが、いずれは自分が生きていくために必要な食糧、衣料その他の物資及びサービス（いずれ大問題として取り上げられることとなる「お、も、て、な、し」などと呼ばれるサービスもここに含まれる）などを物々交換という形をとるか、ないしは市場取引という形をとるか、後者の場合通貨経由ないしは通貨というものを使わず行う別の方法を取るかということは別にしても、とにかくお互いに交換し、それらを交換して得た物やサービスを消費しつつ、数十年の寿命を全うし死んでいくわれわれのような生物個体が、この地球上には何十億のオーダーで生存している。

これら多数の個体がそれぞれ持っている価値観はそれらを並べてみれば相対価値観の羅列に過ぎないが、独自の価値の基準をもつ個人から見れば、当然の事ながら自分の持っている考えないしは価値観だけが絶対的なものと見えるであろう。ここに〝個対他〟の問題全ての根源がある。

この間、人間というものが生存中に消費することの許される天然資源の絶対量には限度があり、人間はその限度のある天然資源をお互いに交換、消費しつつ生存していかなければならない運命にある。このような過酷な条件の中で人間はお互いの間でそれぞれを比較し、共通の概念では規定することの出来ない「幸福」を追求しつつ生存していくのであろう。

今地球上には七〇億人もの人間が生存している訳だが、発展途上国を中心に更なる人口の増加が予想される。この自然的な人口増加ないしは生活水準の向上をめざす中で、そのような人間の生存を将来にわたり平和裏（お互いにわだかまりを生まないよう）に保証していくためには、消費可能な資源を既存のものからよりエネルギー的に大きい資源に徐々に転換するか、あるいは無の状況から全く新しいエネルギー資源を創造してゆく科学技術を開拓するか、もしそれが不可能な場合には、消費する人間の方で自らの知恵により、個対他の中でかかる困難を克服するために自ら新しい生活様式を考えていくしかないところまでわれわれは追い詰められてきているといえよう。

しかも、この問題の解決にあたって人類は決して過去に犯した過ち、すなわち、武力による抗争を繰り返すことだけは絶対に避けなければならないのである。

これまで、古典的ないしは近代経済学と呼ばれる中で、経済学を組み立ててこられた先人の偉大な功績に不足していた点があったとするならば、それは経済学が人間の生存にとって、もっとも緊密に関係する問題を取り扱いながら、誰一人として「人間にとって幸福とはなにか」という問いに真っ向から答えを出そうと試みられた方がおられなかったということである。

この問題は人間の個人それぞれが持っている相対的な価値の中から絶対的な価値を

選び出すのと同じぐらいの難問であることは言うまでもないが、経済学に「社会科学」のなかで最も先端的な地位を与えようとするならば、このような難問中の難問に挑戦しなければならないのは当然のことと考えるのであるが、いかがなものであろうか。

マネーゲームの時代は終焉したり！　日々進化を遂げるＩＣＴを活用しながら、これからの経済学で考えてもらいたい難問の具体例をいくつか挙げるとすると、サービスに支払うべき適正対価の算出、万人が持つべき幸福になる権利の保護、生命活動と不可欠な経済の確立、幸せに生きることの平等の確保といったところだろうか。

〝出でよ！　現代のアダム・スミス〟

[執筆協力者略歴]

山口　光雄（やまぐち　みつお）

昭和23年東京都生まれ。一橋大学，㈱日立製作所，㈱日立総合計画研究所を経てスイスIMEDE経営大学院留学（MBA取得）。帰国後，㈱日立総合計画研究所主任研究員・主管研究員，日立ヨーロッパ社長室長，㈱日立製作所情報事業統括本部 経営企画本部長を経て，同社情報・通信グループCOO，CSO，CMO兼COO，執行役常務，CEO。㈱日立物流執行役専務，㈱バンテック常勤監査役。平成25年退任。

（注）CEO：Chief Executive Officer，COO：Chief Operating Officer，
CMO：Chief Marketing Officer，CSO：Chief Strategy Officer

[著者略歴]

磯部　朝彦（いそべ・あさひこ）

昭和８年東京で生まれる。中国東北部（満州ハルピン），北京にて幼年期を過ごし，第二次世界大戦直前に帰国。県立千葉中学校，千葉高校，一橋大学を経て，昭和 31 年日本銀行入行。以後，フルブライト留学生として米国に１年留学，日本銀行に復帰後，国際通貨基金（IMF）に７年間出向（ワシントン，ジュネーブ），日本銀行ロンドン駐在参事（支店長），熊本支店長，本店局長を経て，㈱日立製作所参与，同社専務取締役，㈱日立総合計画研究所社長（日立製作所副社長待遇），政府金融庁金融再生委員会委員，同庁顧問。米国フレッチャー・スクール客員講師。現在㈱日立製作所名誉顧問，中国青島大学名誉教授。

私の経済哲学原論

2016年２月５日　第１刷発行

著　者　　磯　部　朝　彦

発行者　　片　倉　和　夫

発行所　株式会社　八《はっ》　朔《さく》　社《しゃ》

東京都新宿区神楽坂２-19 銀鈴会館内

電話03-3235-1553　Fax 03-3235-5910

E-mail：hassaku-sha@nifty.com

©磯部朝彦，2016

組版：鈴木まり　印刷／製本：シナノ書籍印刷

ISBN978-4-86014-078-6

八朔社

磯部朝彦著
私の生きた時代
ジャーナリストのＤＮＡで考える
一八〇〇円

磯部朝彦著
続・私の生きた時代
ジャーナリストのＤＮＡで考える
一八〇〇円

磯部朝彦編
続々・私の生きた時代
母の残した詩歌と人の道
三〇〇〇円

小林昇著
山までの街
一八〇〇円

菅原伸郎編著
戦争と追悼
靖国問題への提言
二一〇〇円

定価は消費税を含みません